HANES CYMRU

HYD AT FARW HYWEL DDA

HANES CYMRU
HYD AT
FARW HYWEL DDA

TECWYN JONES

Yr arlunio gan Ian Rolls
Cyhoeddwyd dan nawdd Cynllun Gwerslyfrau Cymraeg
Cyd—bwyllgor Addysg Cymru

CAERDYDD
GWASG PRIFYSGOL CYMRU
1978

ISBN 0 7083 0676 4

Dymuna'r cyhoeddwyr gydnabod cyfarwyddyd a chymorth Adran Ddylunio'r Cyngor Llyfrau Cymraeg a noddir gan Gyngor Celfyddydau Cymru.

Argraffwyd gan Argraffwyr CSP, Caerdydd.

RHAGAIR

Bwriedir y gyfrol hon yn bennaf ar gyfer plant y flwyddyn gyntaf mewn Ysgolion Uwchradd.

Hoffwn gydnabod fy nyled i'r Swyddfa Gymreig am eu cydweithrediad parod yn caniatáu i staff yr Adran Gartograffig baratoi'r mapiau.

Diolchaf am ganiatâd yr awduron, eu perthnasau neu gyhoeddwyr eu gwaith i gynnwys y dyfyniadau o'r cerddi isod neu'r cerddi yn gyflawn yn y gyfrol.

CYHOEDDWYR: Gwasg Aberystwyth am ganiatâd i gynnwys dyfyniadau o'r canlynol: Clychau Cantre'r Gwaelod o 'Y Llyfr a Cherddi Eraill', J. J. Williams; Stori Cantre'r Gwaelod, Sarnicol o 'Chwedl a Chân V'; Caradog a Hywel Dda o 'Caniadau Trefin'; Buchedd Garmon, Saunders Lewis. Hughes a'i Fab (Abertawe) am ganiatâd i gynnwys dyfyniad o'r canlynol: Cantre'r Gwaelod I, R. Williams Parry; "Gostegodd brwydro'r du ei drem . . . ", Gwili; Ymadawiad Arthur ac Ynys Enlli, o 'Caniadau' T. Gwynn Jones. Gwasg Gee am ganiatâd i gynnwys dyfyniad o'r canlynol: Maelgwyn Gwynedd, John Eilian o 'Awdlau Cadeiriol Detholedig 1926-1950'.

PERTHNASAU: Eleri Cynan O'Connor am ganiatâd i gynnwys dyfyniad o Afallon 'Cerddi Cynan'; Nest Morris-Jones am ganiatâd i ddyfynnu'r gerdd Seiriol Wyn a Chybi Felyn o 'Caniadau' Syr John Morris-Jones.

Mawrth   Tecwyn Jones
1978

CYNNWYS

Tudalen

Rhestr Mapiau   ix
Rhestr Lluniau   x

Pennod 1   **YR OESOEDD CYNNAR**
A.   Hen Oes y Cerrig   1
B.   Oes Newydd y Cerrig   3
C.   Oes y Pres   8
CH.   Yr Oes Haearn   10
   Ymarferion   14

Pennod 2   **OES Y RHUFEINIAID**
A.   Gorchfygu'r Wlad   17
B.   Yr Ymsefydlu   21
   (i)   Caerau   21
   (ii)   Ffyrdd   23
   (iii)   Tref Rufeinig   25
   (iv)   Mwynfeydd   28
C.   Eu Cymynrodd   28
   Ymarferion   30

Pennod 3   **CYFNOD O YMOSODIADAU**
A.   Y Gwyddelod   33
B.   Y Brythoniaid o'r Gogledd   37
C.   Y Saeson   41
   (i)   Ymosodiadau Cynnar   41
   (ii)   Brwydrau Pwysig   43
CH.   Y Wlad, Y Cantref, Y Cwmwd   46
   Ymarferion   47

Pennod 4   **OES Y SAINT**
A.   Cristnogaeth yn dod i Gymru   50
B.   Rhai o Brif Saint Cymru   51
C.   Dewi Sant   58
   Ymarferion   61

CYNNWYS — Parhâd

Tudalen

Pennod 5   **OES RHODRI MAWR A HYWEL DDA**

A.   Y Llychlynwyr   63
B.   Cyfnod o Ryfela   65
C.   Cyfnod o Heddwch   66
     (i)   Hywel Dda   66
     (ii)   Cymdeithas yn Amser Hywel   68
     (iii)   Rhai o Gyfreithiau Hywel   73
         Ymarferion   74
   Atebion y Croeseiriau   76
   Llyfryddiaeth   77

MAPIAU

Tudalen

Map I
Olion o Hen Oes y Cerrig   3
Map II
Olion o Oes Newydd y Cerrig   7
Map III
Terfynau'r Ymerodraeth Rufeinig   17
MAP IV
Ffyrdd y Rhufeiniaid   25
Map V
Mwynfeydd Rhufeinig   29
Map VI
Y rhannau o Gymru a feddiannwyd gan Cunedda a'i feibion   39
Map VII
Rhanbarthau Lloegr a lleoliad brwydrau pwysig   45
Map VIII
Teithiau Samson   54
Map IX
Rhai o ganolfannau'r saint   59
Map X
Gwledydd y Llychlynwyr a'r tiroedd a oresgynnwyd ganddynt
(Hyd at y ddegfed ganrif).   63
Map XI
Tiroedd Rhodri   67

LLUNIAU

Tudalen

Llun 1
Rhai o anifeiliaid Hen Oes y Cerrig   1
Llun 2
Tŷ wedi ei adeiladu yn y ddaear   4
Llun 3
Pentref ar lyn   5
Llun 4
Cromlech yn nwyrain y wlad   6
Llun 5
Cromlech: Y meini anferth sy'n weddill   8
Llun 6
Diodlestri o Oes y Pres   9
Llun 7
Celfi o Oes y Pres   9
Llun 8
Celt ac Iberiad   11
Llun 9
Casgliad o olion o Lynfawr, Morgannwg Ganol   12
Llun 10
Un o amddiffynfeydd y Brythoniaid   13
Llun 11
Milwr Rhufeinig   21
Llun 12
Yr Amphitheatr yng Nghaerllion   22
Llun 13
Caer Rufeinig   23
Llun 14
Croesdoriad o Ffordd Rufeinig   24
Llun 15
Tref Caerwent   26
Llun 16
Tŷ Rhufeinig   27
Llun 17
Tu allan i un o gytiau'r Gwyddelod   33
Llun 18
Cynllun cwt Gwyddelig   34

LLUNIAU — Parhâd

Tudalen

Llun 19
Cerrig Ogam 35
Llun 20
Brython a fabwysiadodd y dull Rhufeinig o fyw (Cunedda) 38
Llun 21
Rhyfelwr Seisnig 42
Llun 22
Mynachlog yn Oes y Saint 51
Llun 23
Sant o'r chweched ganrif 57
Llun 24
Llong y Llychlynwyr 64
Llun 25
Brenin y cantref 69
Llun 26
Neuadd y brenin 70

PENNOD 1

YR OESOEDD CYNNAR

LLUN 1: RHAI O ANIFEILIAID HEN OES Y CERRIG

A.   HEN OES Y CERRIG

Fuoch chi 'rioed yn meddwl sut y ffurfiwyd y tir sydd dan eich traed, tir Cymru? Mae'n siwr ei bod hi'n anodd iawn i chi ddychmygu: digwyddodd gymaint o flynyddoedd yn ôl. Ond ar y dechrau, 'roedd y **TIR CYMRU** ddaear i gyd dan ddŵr. Nid oedd yma ddim i'w weld ond un môr mawr. Yn sydyn, dechreuodd cyfres o ddaeargrynfeydd ac yn ystod y rhain, gwthiwyd rhannau o'r ddaear i fyny uwch wyneb y dŵr; fel hyn y cawsom dir a môr. Dyna sut y cafodd tir Cymru, fel rhannau eraill o'r byd, ei ffurfio, ddegau o filoedd o flynyddoedd yn ôl.

Am oesoedd maith, fodd bynnag, ni fu'r un creadur yn byw yng Nghymru, ond wedi cyfnod, daeth anifeiliaid gwyllt yma o'r cyfandir. Yn eu mysg, 'roedd y mamoth, y blaidd, y rheinoseros, yr hipopotamus, yr eliffant ysgithr syth, yr arth a'r carw gwyllt.

1

Yna, tua 10,000 o flynyddoedd cyn Crist, y mae sôn i'r dyn cyntaf ymddangos yn ein gwlad. 'Roedd hwnnw, yn ôl y stori yn rhyw greadur hyll, bychan ond cryf, a'r creadur tebycaf yn ein byd ni heddiw,

Y DYN CYNTAF medden' nhw, ydyw'r Escimo. Ei hoff waith oedd trin cerrig a dyna pam, mae'n debyg, y gelwir yr Oes yma yn 'Hen Oes y Cerrig'. O garreg y gwnâi y dyn cyntaf ei holl arfau a'i gelfi.

'Roedd ef a'i deulu yn byw mewn ogof. Yno y byddent yn treulio y rhan fwyaf o'u hamser, — y tad yn naddu carreg, y fam yn rhyw fath o goginio a'r plant yn difyrru eu hunain cystal ag y medrent. Ond lle oer oedd yr ogof ac felly, 'roedd rhaid cael gwres. Rhwbio dwy garreg yn ei gilydd a wnâi'r bobl yma i gynhyrchu fflam ac yna i gynnau tân.

EI GARTREF Byddent yn defnyddio'r tân i gynhesu'r cartref ac i goginio mewn ffordd syml. O fewn i'r cartref, felly 'roedd pawb yn hapus, ond 'roedd un perygl, a hwnnw oedd yr anifail gwyllt. Ac i ddiogelu ei deulu rhag y bygythiad yma, byddai pob tad yn gofalu mai mynedfa fach fyddai i'w gartref.

A beth am fwyd? Byddai pobl yr Oes hon yn bwyta ffrwythau, cnau, pysgod a chig ac i gael y cig, wrth gwrs, 'roedd rhaid hela. Nid oedd yn anodd hela'r anifeiliaid lleiaf — 'roedd arfau cerrig y gwŷr hyn yn ddigon i'w lladd hwy yn eithai di-drafferth. Problem arall oedd hela'r anifeiliaid mawr, ond 'roedd ganddynt eu dull arbennig i wneud hynny,

BWYD A HELA hefyd. Byddent yn tyrchu twll mawr yn y ddaear, a gosod yr arfau miniocaf ar ochrau'r twll. Wedyn ar yr wyneb, byddent yn gosod coed a changhennau deiliog i guddio'r cyfan. Yna, trwy ryw dric neu'i gilydd, byddent yn denu'r hen anifeiliaid druain i gyfeiriad y twll, a byddai'r rheini yn eu gwylltineb dall yn syrthio'n bendramwnwgl i'r fagl.

Yn ystod y blynyddoedd, daethpwyd o hyd i olion o'r Oes hon yma ac acw yng Nghymru ac yn eu plith ysgerbydau dynion ac anifeiliaid, ac arfau cerrig, megis bwyell, ysgrafell, tryfer a chyllell. Dyma i chi restr fras ohonynt: **Ogofâu Cefnmeiriadog** (rhyw ddwy filltir i'r gorllewin o Lanelwy, yng Nghlwyd): ysgerbydau hipopotamus ac eliffant ysgithr syth, arfau cerrig; **Ogofâu Cae Gwyn** (ger Tremeirchion

OLION i'r dwyrain o Lanelwy, eto yng Nghlwyd): ysgerbydau mamoth a rheinoseros, arfau cerrig; **Ogof Coigan** (yn Ne Dyfed): ysgerbwd rheinoseros, darnau o gallestr, nodwydd asgwrn; **Ogof Arthur** (yng Ngwent): ysgerbydau anifeiliaid, darnau o gallestr; **Ogof Pafiland** (ar Benrhyn Gŵyr): ysgerbydau dynion (un arbennig iawn o ddyn ifanc tua phump ar hugain oed), ysgerbydau anifeiliaid, arfau cerrig a darnau o gallestr.

Map labels:

ARF O GARREG
(Hen Iawn)

BWYELL
O GARREG

Ogofâu C..........
Olion
1.
2.
3.

Ogofâu C...... G......
Olion
1.
2.
3.

Ogof A...............
Olion
1.
2.

Ogof C...............
Olion
1.
2.

Ogof P...............
Olion
1.
2.
3.
4.

YSGRAFELL
GARREG

PEN TRYFER

MAP I: OLION O HEN OES Y CERRIG

O astudio olion fel hyn y daethom i wybod cymaint am 'Hen Oes y Cerrig', sut le oedd yng Nghymru'r pryd hynny a sut 'roedd pobl yn byw.

B.   OES NEWYDD Y CERRIG

Yn rhyfedd iawn, nid oedd arfordir Cymru yn debyg i'r hyn ydyw heddiw, tan tua'r flwyddyn 2,500 CC. Yr amser honno, hyd yn oed, efallai fod Môn yn parhau ynghlwm wrth weddill tir Cymru, ac efallai

ARFORDIR   nad oedd llawer o Fae Ceredigion dan y dŵr. Ond
   CYMRU   erbyn diwedd Oes Newydd y Cerrig, y mae'n siwr

fod Môn yn ynys, a Bae Ceredigion fel y mae heddiw.

3

LLUN 2: TŶ WEDI EI ADEILADU YN Y DDAEAR

Chwedl o'r Oes hon, yn ddiamau, yw Chwedl Cantre'r Gwaelod. Yn ôl y stori, ar un adeg 'roedd yng Nghantre'r Gwaelod (iseldir eang ar ffiniau Ceredigion) ragfur, ond trwy ofer esgeulustod Seithennyn, 'y gwyliwr ar y tŵr', torrodd y môr trwy'r mur gan foddi'r cantref a'r trigolion:—

O dan y môr a'i donnau,
Mae llawer dinas dlos

CHWEDL Fu'n gwrando ar y clychau
CANTRE'R Yn canu gyda'r nos;
GWAELOD Trwy ofer esgeulustod
Y gwyliwr ar y tŵr
Aeth clychau Cantre'r Gwaelod
O'r golwg dan y dŵr.

J. J. Williams

Ond cred rhai pobl fel Sarnicol o hyd, "Ar hwyr o haf, pan fo'r don yn dawel a'r adar yn fud, o wrando'n astud, y gellir eto glywed sŵn clychau cyfrin yn canu draw o dan y dŵr". A dyma ran o ddisgrifiad R. Williams Parry o'r Cantre a foddwyd:

4

Tegwch natur, fflur a phlant
Morynion — yma'r hunant —
Blodau haf heb olau dydd
O dan oer don y Werydd.
Pob ieuanc ar ddifancoll,
A hithau'r gân aeth ar goll.

'Roedd rhai o bobl yr Oes hon yn byw mewn ogofâu yr un modd â phobl 'Hen Oes y Cerrig' ond sylweddolai eraill y gellid gwella eu dull o fyw. Ac felly, ceisiodd y rheini wneud eu cartref yn y ddaear. Gwneud twll mawr i ddechrau a gosod coedyn syth ar ei ganol. Polion tenau **CARTREFI** wedyn i gynnal y to a thoi gyda brwyn a changhennau, gan adael mynedfa fach ar yr ochr a grisiau yn mynd i lawr i'r cartref. Un ystafell oedd i'r tŷ ac yno y byddai'r holl deulu yn byw a bwyta, ac yn cysgu ar welyau o fwsogl.

LLUN 3: PENTREF AR LYN

Byddai rhai teuluoedd yn yr Oes hon, wedyn, yn dod at ei gilydd, ac yn penderfynu adeiladu pentref ar lyn. Casglai'r dynion bentwr o goed a'u trin i wneud polion. Yna, byddent yn curo'r polion i wely'r llyn ac yn adeiladu llwyfan mawr i'w roi arnynt, eu cysylltu, a'i wneud yn berffaith saff. Ar y llwyfan, wedyn, adeiladai'r bobl eu tai. Cysylltid y **PENTREF** llwyfan â'r tir â phompren. Roedd hon eto yn cael **AR** ei chynnal â pholion cadarn. Ond weithiau, ni **LYN** theimlid fod angen pompren a byddai'r trigolion

5

LLUN 4: CROMLECH YN NWYRAIN Y WLAD

yn defnyddio cafn unbren, y cwch cyntaf mewn hanes, i gyrraedd y tir. Mae sôn am bentref o'r math hwn ar Lyn Llangors, yn Ne Powys ac un arall ar Lyn Llydaw, wrth droed yr Wyddfa.

'Roedd rhai pobl, wedi gwella eu ffordd o fyw yn yr Oes hon, yn medru defnyddio crochenni i goginio ac i gadw bwyd, yn gallu gwneud dillad o ledr a lliain bras, ac yn llwyddo i ddofi anifeiliaid fel y ci, yr **DULL Y** ŷch, y ddafad, yr afr a'r mochyn. 'Roedd eu harfau **BOBL O** a'u celfi hefyd yn llyfn, yn finiog ac wedi eu **FYW** gloywi a rhai ohonynt â choesau pren iddynt.

Yn wir, yn ôl yr hanes, 'roedd yng Nghraig Lwyd, ger Penmaenmawr, yng Ngwynedd, ffatri yn gwneud arfau a chelfi carreg. Yng Ngwynedd, hefyd, cafwyd olion o'r Oes hon yng Nghaergybi (carreg wedi ei thyllu) yng Nghaernarfon (nefydd) ac yn Llanegryn (bwyell); yna, yng Nghlwyd, yng Ngwaenysgor, ger Prestatyn (cerrig wedi eu tyllu) ac yn **OLION** Llanarmon-yn-Iâl (esgyrn ci, mochyn, ŷch a chrochenni); yn Nyfed, yn Aberystwyth (gwahanol arfau) ac yn Ninbych-y-Pysgod (esgyrn ŷch a gafr, crochenni, bwyeill a nodwyddau o asgwrn), ym Mhowys ym Machynlleth (neddyf) ac yng Nghrucywel (bwyell a neddyf); ym Morgannwg Ganol, ym Merthyr Tudful (pennau saeth, cyllyll ac ysgrafelli); ac yng Ngwent, yng Nghasnewydd (bwyell).

Yr adeg yma y dechreuodd pobl godi cromlechi, ac ynddynt y byddent yn claddu eu meirw. Dyna i chi waith yn gofyn am nerth braich! Rhaid oedd symud cerrig anferth am filltiroedd lawer ac yna eu **CROMLECHI** gosod yn eu lle, y cerrig hir-syth yn y ddaear a'r cerrig gwastad ar eu traws. Mae rhai o'r beddau

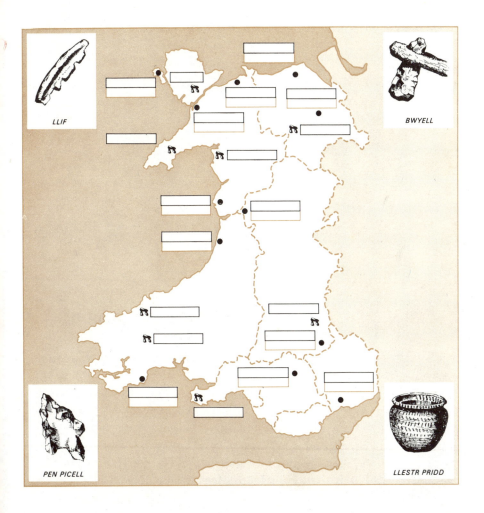

MAP II: OLION O OES NEWYDD Y CERRIG

hyn i'w gweld yng Nghymru o hyd ac mae'r rhai sydd yn nwyrain y wlad yn wahanol i'r rhai a welir yn y gorllewin.

Y mae cromlechi dwyrain Cymru yn fwy, a mynedfa o gerrig hirion iddynt. Gwŷr o Lydaw, medden nhw, am ryw reswm neu'i gilydd, a ddaeth yma ac adeiladu'r beddau hyn, ac wedi gosod y meini, byddent yn gorchuddio'r cyfan â cherrig mân a phridd.

'Roedd cromlechi gorllewin Cymru wedi eu gorchuddio ar un adeg hefyd, mae'n debyg, gan gerrig mân a phridd, ond yng nghwrs y blynyddoedd diflannodd y rhain gan adael dim ond meini anferth, noeth y gromlech. Yn ôl pob sôn, gwŷr o Sbaen a Phortiwgal a

7

LLUN 5: CROMLECH: Y MEINI ANFERTH SY'N WEDDILL

adeiladodd y rhain a chredir iddynt ddod yma o Iwerddon, lle mae
cromlechi cyffelyb.

Tybed a oes cromlech yn eich ardal chi? Y mae amryw i'w gweld o
hyd, yma ac acw yng Nghymru — Bryn Celli Ddu (ym Môn, Gwynedd),
Cefn Amwlch (yn Llŷn, Gwynedd), Llanfair, Harlech (yng Ngwynedd),
Cerrigydrudion (yng Nghlwyd), Talgarth (yn Ne Powys), Dol Wilym
a Nanhyfer (yn Nyfed) a Maen Cetti (ar Benrhyn Gŵyr). Mae aml i
chwedl ddiddorol ar gael ynglŷn â'r cromlechi hyn — Maen Cetti a'i
chysylltiad â'r Brenin Arthur a Dewi Sant, a'r gromlech yng Ngherrig-
ydrudion â Chynwrig-ruth.

C. OES Y PRES

Tua 2000 CC glaniodd pobl ddieithr yn y wlad. O Sbaen yn ôl y
sôn, yr oeddynt wedi cychwyn; teithio wedyn i Lydaw ac yn y diwedd,
cyrraedd yma. Pobl gelfydd oedd y rhain a'u medr i'w weld yn amlwg
yng nghynnyrch eu priddlestri hardd. Cymryd clai i'w dwylo a wnâi'r
GWŶR Y bobl hyn a'i drin yn ofalus i lunio ffurf cwpan neu
DIODLESTRI ddiodlestr, a chrafu arno batrwm cymhleth,
cywrain, crefftus. Yna, gadael iddo sychu ac yn olaf ei baentio, mewn
gwahanol liwiau. Llwyddodd y bobl hyn 'Gwŷr y Diodlestri', i orchfygu
trigolion y wlad ar y pryd, am fod ganddynt well arfau, a rhai ohonynt
wedi eu gwneud o fetel.

LLUN 6: DIODLESTRI O OES Y PRES

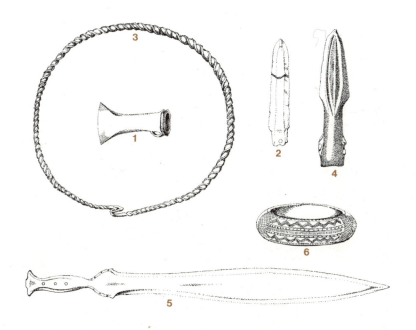

LLUN 7: CELFI O OES Y PRES

(1) Bwyell (2) Cyllell (3) Torchgwddf
(4) Pen picell (5) Cleddyf (6) Breichled

Yr Oes Bres oedd hon yn sicr, ac y mae olion o'r Oes hon hefyd wedi dod i'r amlwg yng Nghymru: bwyell o bres (Caernarfon a Merthyr Tudful), tarian (Moel Siabod, Gwynedd) cleddyf (Caerffili, Llandinam a Llandrindod), cyllell (Wrecsam) llif (Aberdaugleddau) a phen picell **OLION** (Llanbedr Pont Steffan). Nid olion o bres yn unig, fodd bynnag, a ddaeth i'r golwg o'r cyfnod hwn. Daethpwyd o hyd i drysorau hardd o aur, o fuchudd ac o ambr ym Môn, yn arbennig yn y Gaerwen ac ym Miwmaris ac addurniadau o aur yn Llanllyfni (ger Caernarfon, yng Ngwynedd) ac yn Llandysul (yn Nyfed).

Mae'n debyg mai yn Oes y Pres, hefyd, y dechreuodd yr arfer o gorff-losgi ac 'roedd dull y bobl hyn o gladdu yn wahanol i arfer pobl yr Oesoedd cynt. Byddai'r rheini yn claddu pob aelod o deulu yn yr un **EU DULL** bedd, ond bedd unigol a gâi pob un a fyddai farw **O GLADDU** yn y cyfnod hwn. Ac wedi iddynt losgi'r corff, byddai'r llwch yn cael ei daflu i'r ddaear â phridd drosto a gosodid cerrig mân yn gymysg â phridd ar y bedd.

CH. YR OES HAEARN

Pwy ydym ni'r Cymry, dywedwch? Maen nhw'n dweud mai cymysgfa o Iberiaid, Goedeliaid a Brythoniaid ydym. Yr Iberiad oedd yma gyntaf a chanddo gorff byr, gwallt a llygaid tywyll a phen onglog. Yna, daeth y Celt, person tal â thalcen llydan, gwallt golau a llygaid glas. Y Goedel oedd y Celt cyntaf i gyrraedd yma, naill ai yn ystod Oes y **EIN** Pres neu ar ddechrau'r Oes Haearn. Ac yn olaf, ym **HYNAFIAID** mhen canrif neu ddwy, ymddangosodd y Brython, yntau o'r cyfandir. Llwyddodd ef i oresgyn y wlad ac ef oedd y cyntaf yn yr ynysoedd hyn i siarad iaith debyg i'n hiaith ni, sef y Gymraeg. Ond yn raddol, daeth y bobl hyn i gyd i gymysgu â'i gilydd ac Iberiad yn priodi Brython a Goedel yn priodi Iberiad:—

> Gostegodd brwydro'r du ei drem
> Â'i elyn golau'i wedd:
> I arwyr arfau meini llym
> Ac arfau pres daeth hedd.
> A chyfyd cenedl gref y Celt
> Iberaidd, gymysg dras,
> A soddir gwawl y llygad du
> Yng ngwawl y llygad glas.
>
> Gwili

LLUN 8: CELT AC IBERIAD

11

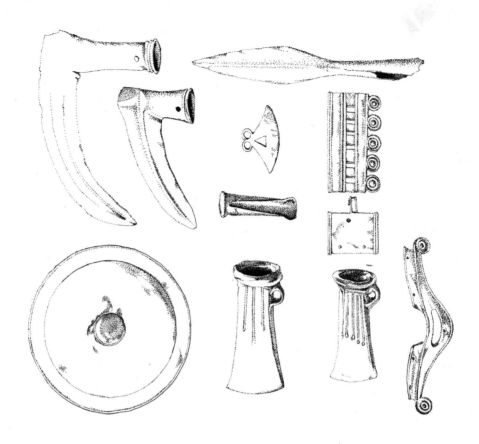

LLUN 9:
CASGLIAD O OLION O LYNFAWR, MORGANNWG GANOL

Ond y Brythoniaid, mewn gwirionedd, oedd â'r llaw uchaf cyn i'r Rhufeiniaid ddod yma.'Roeddynt yn amaethwyr da, yn gwybod sut i ofalu am anifeiliaid a thrin y tir. 'Roeddynt yn medru gwau dillad graenus o wlân ac roeddynt yn grefftwyr celfydd — yn gwneud arfau, celfi ac addurniadau o haearn — yn ogystal â phres. Y mae amryw o'r rhain wedi dod i'r golwg, yma ac acw yng **Y** Nghymru — bwyell o haearn ar fynyddoedd y **BRYTHONIAID** Berwyn, breichled o bres yn Llanrwst, tlws pres wedi ei orchuddio ag aur yn Nhre'r Ceiri, Gwynedd, llestri a chelfi o bres yn Harlech; wedyn, yn y De, llwyau pres ym Mhenbryn, Ceredigion, a choler bres yn Llandysul; ac yn olaf, casgliad diddorol iawn o arfau a chelfi yn Llanfawr, Morgannwg Ganol sydd yn cael eu harddangos yn yr Amgueddfa Genedlaethol.

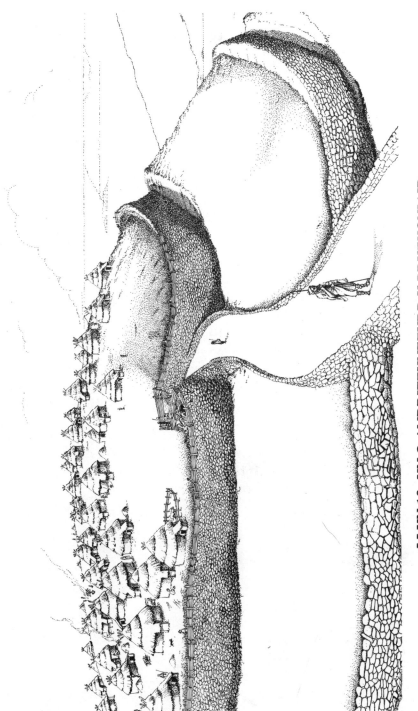

LLUN 10: UN O AMDDIFFYNFEYDD Y BRYTHONIAID

Mewn tref neu bentref caeëdig ar y bryniau y byddai'r Brythoniaid yn byw, fel arfer. Deuent o hyd i fryn gweddol wastad ei grib, ac arno adeiladent eu cartrefi o garreg neu bren. O gylch y bryn codent glawdd o bridd neu garreg. Y tu allan i hwn, agorent ffos a roddai ddiogelwch sicrach fyth iddynt.

EU HAMDDIFFYNFEYDD

Y dref neu'r pentref yma fyddai canolfan tylwyth, yn deidiau a neiniau, yn dadau a mamau, yn frodyr a chwiorydd yn fodrybedd ac ewythredd, yn gefndryd a chyfnitherod. Ond 'roedd rhaid cadw trefn ar bawb ac felly penodid pennaeth ar y tylwyth a chyngor o ddoethion i'w helpu i lywodraethu. 'Roedd pob tylwyth yn annibynnol, â'i dduw arbennig a'i grefydd, a'i fyddin ei hun. Byddai un tylwyth, yn awr ac yn y man, yn ymladd ag un arall, ond byddent hefyd yn marchnata â'i gilydd o dro i dro. Nid talu'r naill a'r llall fyddai pobl yr Oes hon, fodd bynnag, ond ffeirio (neu gyfnewid) nwyddau — un tylwyth, er enghraifft, yn talu ag arfau, a'r llall yn talu â lledr neu wlân.

Y TYLWYTH

Gŵr pwysig yn y gymdeithas oedd y derwydd, ac yr oedd ganddo ef ddylanwad mawr ar y bobl. Ef oedd athro, barnwr a meddyg y tylwyth, ond yn fwy na dim, ef oedd yr offeiriad a'u harweiniai at y pren a'r planhigyn sanctaidd — y dderwen a'r uchelwydd. Torrai ymaith yr uchelwydd yn seremonïol a'i chyflwyno i un o'i ddeiliaid, ac ystyriai hwnnw y rhodd yn anrhydedd fawr. Byddai'r planhigyn sanctaidd yn ei ddiogelu rhag pob perygl.

Y DERWYDD

Cyn i'r Rhufeiniaid ddod yma, felly, y Brythoniaid oedd â'r llaw uchaf yn y wlad, yn enwedig yng Nghlwyd a Phowys. Erbyn hyn, 'roedd yr Iberiaid a'r Goedeliaid wedi cymysgu cryn dipyn ac wedi encilio gyda'i gilydd i'r De ac i'r Gogledd-Orllewin.

YMARFERION

1. Dychmygwch eich bod yn byw yn Hen Oes y Cerrig. Ysgrifennwch hanes un diwrnod yn eich bywyd.

2. Copïwch Map I yn eich llyfr nodiadau, gan lenwi'r bylchau.

3. Darllenwch stori Cantre'r Gwaelod (Sarnicol) (Chwedl a Chân, Llyfr V) a dysgwch ar eich cof y llinellau a ddyfynnwyd o waith J. J. Williams a R. Williams Parry.

4. Copïwch Map II yn eich llyfr nodiadau. Enwch y lleoedd pwysig, gan roi'r enw yn y bwlch cywir. Yn yr ail fwlch ar gyfer pob lle, enwch un o'r olion a ddarganfuwyd yno. Rhowch enwau'r cromlechi yn y bylchau cywir.

5. Ceisiwch NAILL AI (a) dynnu llun rhai o ddiodlestri Oes y Pres, a'u lliwio,

        NEU   (b) lunio un ohonynt mewn clai.

6. Lluniwch siart amser o tua 4000 CC hyd heddiw (2cm = 1000 o flynyddoedd) a marciwch arno y gwahanol Oesoedd (Tybiwch i'r Oes Haearn ddechrau tua 500 CC ac iddi barhau hyd 1950 CC). Lliwiwch wahanol rannau'r siart.

CROESAIR 1

Ar Draws
1. Ogof bwysicaf Hen Oes y Cerrig.
6. Ogof arall o Hen Oes y Cerrig.
7. 'Trwy ofer esgeulustod y _ _ _ _ _ _ _ _ ar y tŵr'.
9. Gwisg y dyn cyntefig ond newidiwch drefn y tair llythyren gyntaf.
12. Ffatri gerrig gynnar.
13. 'Yn uchel bo'r _ _ _ '
15. Adeiladai dyn Oes Newydd y Cerrig hwn yn y ddaear.
17. Nid oedd _ _ _ cystal ar arfau y dyn cyntaf.
19. Defnydd tai y Brythoniaid.
20. _ _ _ a dyrchai'r dyn cyntefig i ddal yr anifeilaid mwyaf.
22. Y cwch cyntaf mewn hanes.

15

I Lawr

2. Anifail gwyllt o Hen Oes y Cerrig.
3. Enw 7 ar draws.
4. Anifail gwyllt arall.
5. Defnydd arfau yr Oesoedd Cynnar.
8. Un o'r anifeiliaid cyntaf i gael ei ddofi.
10. Roedd dynion cyntefig yn bwyta'r rhain.
11. Darganfuwyd pentref ar lyn wrth droed _ _ _ _ _ _ _.
14. Mae'r _ _ _ _ _ _ hwn yn enwog am ei harddwch, ac fe gafwyd hyd i olion o Hen Oes y Cerrig yno.
15. Rhaid cael hwn ar 15 ar draws.
16. Yr hyn a geir o rwbio dwy garreg.
18. Mewn _ _ _ _ gaeëdig 'roedd y Brythoniaid yn byw.
21. Anifail dof ond â'i gynffon gyntaf.

Cofiwch fod **TH, CH, DD, FF,** yn mynd i un sgwâr!

Mae'r atebion ar dudalen 76.

PENNOD 2

Y RHUFEINIAID

MAP III: TERFYNAU'R YMERODRAETH RUFEINIG

A.   GORCHFYGU'R WLAD

Ar ôl 200 CC am amser maith, y bobl bwysicaf yn y byd oedd y Rhufeiniaid. Hwy oedd y meistri yn yr Eidal a'r tiroedd i'r gogledd, **YR YMERODRAETH RUFEINIG** Groeg a'r gwledydd cyfagos, Gâl (neu Ffrainc), Sbaen, arfordir Gogledd Affrica, Asia Leiaf, Palesteina a Phrydain.

17

Daeth y Rhufeiniaid yma gyntaf yn y flwyddyn 55 CC a'r gŵr
enwog, Iŵl Cesar, yn eu harwain. Ond rhyw ymweliad digon di-gynnwrf
oedd yr ymweliad hwnnw. Glanio, ymladd ychydig yn erbyn y
Brythoniaid a dychwelyd i'r cyfandir — dyna'r cwbl. Ond cafwyd
ymweliad gwahanol iawn yn y flwyddyn 43 OC. Claudius oedd yr

CYRRAEDD arweinydd y tro hwn ac 'roedd eí wedi penderfynu
PRYDAIN gwneud Prydain yn rhan o Ymerodraeth Rhufain.
Gwaith hawdd fyddai hynny yn ei dŷb ef, a chymaint o brofiad gan y
milwyr Rhufeinig a gwell arfau o lawer ganddynt na'r Brythoniaid.
Bu'r Rhufeiniaid yn llwyddiannus iawn ar y dechrau, ac fe ddychwelodd
Claudius i Rufain, gan adael ei swyddogion cyfrifol i orffen y gwaith.
Cafwyd llwyddiant wedyn, hefyd, a'r Rhufeiniaid yn gyrru'r Brython-
iaid o'u blaenau fel gyrr o ddefaid o Ddwyrain Prydain i ffiniau
Cymru.

Un a fu'n brwydro'n frwdfrydig iawn yn erbyn y Rhufeiniaid yn y
dwyrain oedd Caradog, ond nid oedd llawer o obaith ganddo ef a'i
ddilynwyr yn y rhan honno o'r wlad â'r gelyn mor gryf. Wedi ei erlid i
dir Cymru, fodd bynnag, cafodd gyfle i gasglu byddin gref at ei gilydd
a bu brwydro caled rhyngddo â'r Rhufeiniaid am wyth mlynedd. Yn y
diwedd, enciliodd ef a'i filwyr i ben bryn ym Mhowys a fu ar un adeg
yn un o amddiffynfeydd yr Hen Frythoniaid. Yno, aeth Caradog a'i
fyddin ati o ddifri i baratoi at y frwydr derfynol a chyn bo hir 'roedd

CARADOG popeth yn barod i wrthsefyll y gelyn. Un noson
clywsant fod y gelyn yn y cyffiniau a deffrowyd
pawb yn y gwersyll. Galwodd Caradog bawb ato i'w hysbrydoli. 'Gwell
marw'n ddynion rhydd,' meddai, 'na byw'n gaethweision am byth'. A
dechreuodd y frwydr. Bu'r Brythoniaid yn hyrddio cerrig a phicelli yn
domen ar bennau'r milwyr Rhufeinig oedd yn ceisio dringo'r bryn — y
milwyr hyn â'u tarianau gloyw yn dod yn nes ac yn nes ac o'r diwedd
yn cyrraedd y copa a thorri trwy'r mur i wersyll y Brythoniaid. 'Roedd
y brwydro wedyn yn ffyrnicach nag erioed. Roedd y Brythoniaid yn
ddewr ac wrthi â'u holl egni, ond y Rhufeiniaid â'u holl adnoddau a
enillodd y frwydr.
  O weld hyn, penderfynodd Caradog ddianc gyda'r rhai oedd yn
weddill o'i ddilynwyr yn ôl i'r dwyrain, gan obeithio ail-gasglu byddin.
Ond yn ofer! Bradychodd rhyw ddihiryn o Frython ef ac fe'i daliwyd
gan y Rhufeiniaid. Rhoddwyd Caradog mewn cyffion a'i hebrwng
gyda'i deulu i Rufain. Pan gyrhaeddodd, roedd pawb allan ym
mhrifddinas yr Ymerodraeth i weld y gŵr tal, pryd golau, llawn hunan-
hyder, yn cerdded yn urddasol â milwyr bob ochr iddo, i gyfeiriad

palas yr ymerawdwr i gael ei farnu:

> Clywch sŵn y dorf sydd ar bob tu
> Ar balmant yr ystryd!
> Pa ŵr yw hwn a wna i'r llu
> Hir syllu ar ei bryd?
> Ni phlyg ei ben o flaen y llu
> Urddasol yw ei wedd, —
> Fel petai gyda'i filwyr cu
> A'i law ar garn ei gledd.
> Nid nerth ond brad a'i daliodd ef,
> A da gan Rufain fawr
> Yw gweled hwn ar stryd ei thref
> Mewn cadwyn drom yn awr.
>
> Mab rhyddid a fu ef erioed
> Ac er ei fod yn gaeth,
> Ymdeithia fel pe bai ei droed
> Ar ei gynefin draeth

Dyna gyrraedd y palas, a'r ymerawdwr yn aros amdano a Charadog yn gwrthod plygu glin iddo:—

> Trwm, trwm oedd ei gadwyni heyrn
> Ond ni wnâi grymu i lawr
> A syllai'n syth i wyneb teyrn
> A bonedd Rhufain fawr.
> 'Rhowch imi ryddid,' meddai ef,
> 'A chlod a fydd i chwi;
> Ai drwg oedd ymladd dros fy nhref
> Ym Mhrydain hwnt i'r lli?'

Synnodd yr ymerawdwr fod y carcharor hwn o Brydain mor ddi-ofn:

> Wrth weld ei ddewrder, synnu wnaeth
> Yr Ymherodr ar ei sedd
> Ni chofiai'r un carcharor caeth
> Mor hy' a hardd ei wedd.
> A chyn i'r nos orchuddio'r nen,
> Cyn ffoi o liwiau'r dydd,
> 'Roedd brenin cryf yr Ynys Wen
> Heb gadwyn — ac yn rhydd!
>
> Trefin

Er hynny, gwrthododd Claudius ganiatáu iddo adael Rhufain ac yno y bu ef a'i deulu am weddill eu hoes. 'Roedd Caradog yn ŵr rhy eofn i fod yn rhydd ym Mhrydain.

Ond parhau i ymladd â'r Rhufeiniaid a wnâi'r Brythoniaid yng Nghymru. A chredai Suetonius, yr arweinydd Rhufeinig mai'r derwyddon ym Môn oedd yn gyfrifol am ysbrydoli trigolion y wlad a magu hunan—hyder ynddynt. Felly, penderfynodd yn y flwyddyn 60 OC fynd i Fôn, gyda'i fyddin, i ddifa'r derwyddon unwaith ac am byth. Pan gyrhaeddodd y llu Rhufeinig, fodd bynnag, cafodd y milwyr fraw wrth weld y gwŷr sanctaidd yn eu gwisgoedd hirllaes yn codi'u dwylo i'r awyr i alw ar eu duwiau, a'r merched gwallgof yn chwifio ffaglau tân o'u cwmpas. Ni fedrai'r un ohonynt godi arf yn eu herbyn

GORESGYN MÔN er bod picelli'r Brythoniaid yn disgyn yn gawodydd am eu pennau. Gwylltiodd y swyddogion Rhufeinig, fodd bynnag, a gorfodi eu gwŷr i ymladd — a bu cyflafan fawr. Y derwyddon i gyd yn cael eu lladd neu'u clwyfo a'r llwyni cysegredig yn cael eu torri i lawr. Roedd rhaid i Suetonius a'i filwyr, wrth gwrs, gael dathlu eu buddugoliaeth. Ond yn sydyn, daeth newydd am wrthryfel Buddug yn y dwyrain, a bu rhaid i'r fyddin Rufeinig ohirio eu dathlu a theithio ar unwaith i geisio tawelu'r anesmwythyd yn y rhan honno o Brydain.

Brenhines ar lwyth yr Iceni oedd Buddug. Amaethwyr oedd y bobl hyn, arbenigwyr ar besgi gwartheg a magu ceffylau. Ond roeddynt hefyd yn barod iawn i ymladd a gwrthryfela. Dyn di-asgwrn-cefn oedd gŵr Buddug, un parod i ildio i rym Rhufain, a phan fu farw, gadawodd hanner ei deyrnas yn ei ewyllys i'r Rhufeiniaid, gan obeithio y byddai'r gormeswyr yn garedig tuag at ei deulu a'i lwyth. Ond wedi iddo farw, gorchmynnodd y Rhufeiniaid i'r Iceni dalu trethi afresymol a phan brotestiodd Buddug, fe'i gwawdiwyd. 'Roedd hynny'n ddigon ac aeth y frenhines ati ar unwaith i ffurfio byddin gref o fysg yr Iceni a llwythi

BUDDUG cyfagos. Âi Buddug ar y blaen yn ei cherbyd rhyfel a daeth y fyddin hon ar warthaf amryw o drefi Rhufeinig a'u llosgi i'r llawr, gan ladd miloedd o Rufeiniaid a'r Brythoniaid taeog oedd yn eu helpu.

Pan gyrhaeddodd Suetonius o Fôn, roedd Buddug a'i dilynwyr yn teithio i gyfeiriad Llundain. Trefnodd y Rhufeiniaid eu byddin yn barod i'w gwrthsefyll, ac er i Fuddug a'i dilynwyr ruthro i'w mysg, daliodd y gelyn ei dir, ac yn y diwedd eu gorchfygu, gan ladd miloedd o wŷr, gwragedd a phlant. Llwyddodd Buddug ynghyd â'i merched i ffoi, ond gwyddai ei bod ar ben arni, a chymerodd wenwyn a bu farw.

Yn ôl i Gymru unwaith eto y daeth y Rhufeiniaid i orffen gorchfygu'r wlad, — y gogledd yn y flwyddyn 74, a'r de a'r canolbarth yn y flwyddyn 78. Ac am bron i dair canrif a hanner, hwy a fu'n llywodraethu yma.

LLUN 11: MILWR RHUFEINIG

B.   YR YMSEFYDLU
(i)   Caerau

'Roedd rhaid i'r Rhufeiniaid yn awr ofalu nad oedd dim gwrth-
ryfela, ac felly gadawsant lawer o filwyr yn y wlad. 'Roedd ymddangosiad
milwr Rhufeinig yn denu llygad — helm o fetel, gwisg o ledr ac
arfwisg o fetel drosti, a sandalau lledr; mewn un llaw roedd ganddo
bicell ac yn y llall, darian.

Mewn caer y byddai'r milwyr i gyd yn byw ac fe adeiladodd y
Rhufeiniaid lawer ohonynt o garreg yng Nghymru. Y gaer bwysicaf,
a'r fwyaf, oedd Caerllion ar lannau'r Afon Wysg. 'Roedd llawer iawn o
filwyr yn gwersylla yma fel yng Nghaer, yn y gogledd.

21

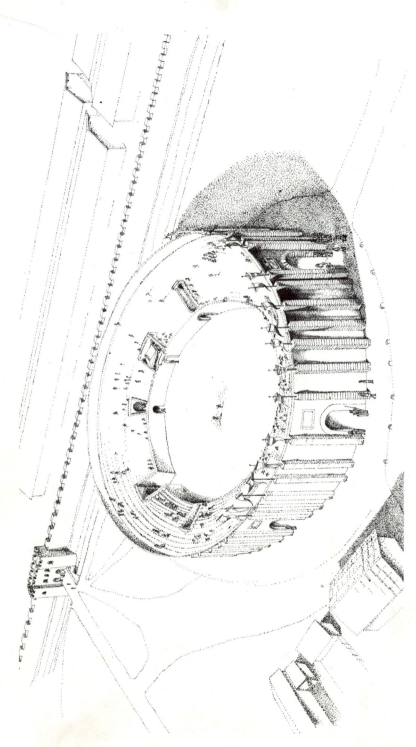

LLUN 12: YR AMPHITHEATR YNG NGHAERLLION

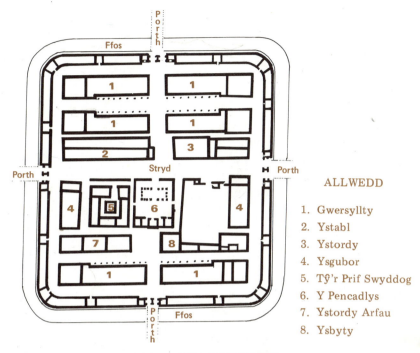

ALLWEDD

1. Gwersyllty
2. Ystabl
3. Ystordy
4. Ysgubor
5. Tŷ'r Prif Swyddog
6. Y Pencadlys
7. Ystordy Arfau
8. Ysbyty

LLUN 13: CAER RUFEINIG

Un nodwedd arbennig i'r gaer yng Nghaerllion oedd ei hamphi-theatr. Roedd hon y tu allan i'r gaer, wrth Borth y De-orllewin. Yno, yn yr arena neu faes chwarae, gellid gweld dau ŵr cyhyrog yn ymaflyd codwm neu'n ymladd ag arfau, dau fwystfil yn ymlafnio â'i gilydd, neu, hyd yn oed, ŵr dewr yn wynebu cynddaredd anifail wedi ei wallgofi. Yma y treuliai'r milwyr Rhufeinig eu hamser hamdden, a hefyd, rhai o'r Brythoniaid oedd yn eu gwasanaethu.

Wedi codi caerau yng Nghaerllion a Chaer, sylweddolodd y Rhuf-einiad fod rhaid adeiladu amryw o rai llai yma ac acw yn y wlad ac aethpwyd ati ar unwaith. Codwyd rhai yng Nghaergybi, Caernarfon, Bryncir, Tomen y Mur, Machynlleth, Caerfyrddin, Caer Gai, Caersws, Castell Collen, Y Gaer, Gelli-gaer a Chaerdydd.

(ii) Ffyrdd

Er mwyn cysylltu un gaer â'r llall, 'roedd yn rhaid i'r Rhufeiniaid gael ffyrdd. Hen lwybrau yn rhedeg ar linellau naturiol a hawdd oedd yma cyn hyn, ond nid oeddynt yn addas i'r drafnidiaeth a yrrai'r Rhufeiniaid o gaer i gaer. Felly, 'roedd rhaid cael ffyrdd newydd ac aeth y gormeswyr ati i'w llunio.

Rhaid oedd cael cynllun pendant, ac 'roedd i'r ffyrdd Rhufeinig nodweddion arbennig. Yr oeddynt mor unionsyth ag y gellid eu gwneud, er mwyn sicrhau teithio cyflym. Adeiladwyd hwy hefyd ar dir uchel fel y byddai'n amhosibl i neb ymosod yn sydyn ar y teithwyr. Ac yn olaf, gan fod cerbydau ac arfau'r Rhufeiniaid mor drwm, 'roedd iddynt sylfeini cadarn.

Wedi dewis cwrs y ffordd, mor unionsyth ag oedd bosibl ac ar dir uchel, torrent ddwy ffos gyfochrog tua phum metr oddi wrth ei gilydd a sathru'r pridd oedd rhyngddynt i lawr cyn belled ag yr âi. Yna, gosodai'r gweithwyr bedair haen o wahanol ddefnyddiau:— (1) Haen o gerrig mawr, (2) Haen o gerrig mân a mortar (tua 36 cm), (3) Haen o raean a chalch a gurwyd yn galed (tua 30 cm) a (4) Haen o lechi (tua 10 cm) wedi eu smentio.

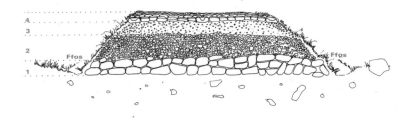

LLUN 14: CROESDORIAD O FFORDD RUFEINIG

Roedd llawer o ffyrdd Rhufeinig yng Nghymru, ac mae'n debyg mai'n hynafiaid ni, fel gweision neu gaethion i'r Rhufeiniaid, a fu'n gwneud y gwaith trwm a chaled. Pedair priffordd a luniwyd i gyd:— (1) Yn y Gogledd: Caer-Caerhun-Caernarfon, (2) Yn y Gorllewin: Caernarfon — Tomen y Mur — Pennal — Llanio — Caerfyrddin, (3) Yn y De: Caerfyrddin — Castell-nedd — Caerllion, (4) Yn y Dwyrain: Caerllion — Caer. Adeiladwyd ffyrdd llai, hefyd, megis Caersws — Wroxeter, Caersws — Castell Collen — Y Gaer a Chaer — Ffrith — Caer Gai i briffordd y Gorllewin.

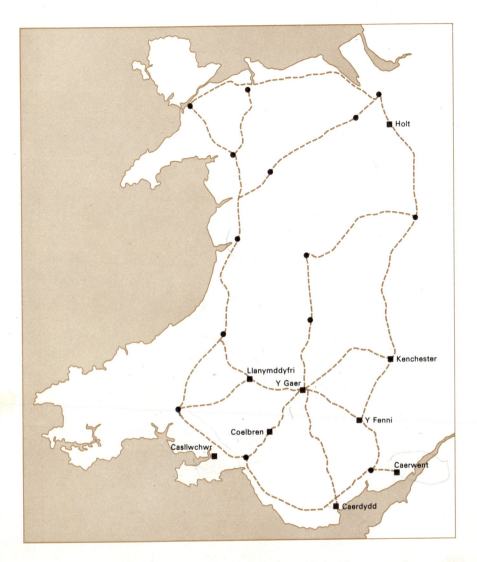

MAP IV: FFYRDD Y RHUFEINIAID

(iii) Tref Rufeinig

Ar ôl peth amser yn y wlad, credai'r Rhufeiniaid y dylent geisio denu'r trigolion i'w dull hwy o fyw. Pe baent yn llwyddo i wneud hyn, byddai'r gwaith o gadw trefn yn llawer haws. Felly, yn y de-ddwyrain, lle 'roedd eu gwrthwynebwyr gryfaf, penderfynodd y Rhufeiniaid adeiladu tref Caerwent, yr unig dref o faint sylweddol a luniwyd yng Nghymru yn ystod y cyfnod.

25

LLUN 15: TREF CAERWENT

26

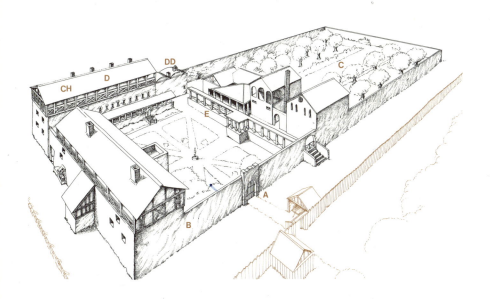

LLUN 16: TŶ RHUFEINIG

A = Porth, B = Mur, C = Perllan, CH = Ystafell Fwyta,
D = Ystafelloedd Gwely, DD = Baddondai, E = Colofnres,

Tref braf oedd Caerwent â mur cadarn o'i hamgylch a phedwar porth yn arwain i mewn iddi. 'Roedd y stryd fawr yn rhedeg fwy neu lai o Borth y Gorllewin i Borth y Dwyrain. Tua hanner ffordd i lawr y stryd 'roedd y farchnad (neu'r 'forum'),(2) — marchnad agored heb do iddi; yno y deuai trigolion yr ardal i bwrcasu eu nwyddau. Pan nad oedd stondinau yno, defnyddid y lle i gynnal chwaraeon. Ynghlwm wrth y farchnad 'roedd Neuadd y Dref (neu'r 'basilica') (3) ac yma y lleolid swyddfeydd y Rhufeiniaid a reolai'r dref a'r ardal. Mae'n debyg fod yna ddwy deml o deip Celtaidd (un y tu allan i furiau'r dref) (5) ond ni wyddom pa dduwiau a addolid yn yr adeiladau hyn. 'Roedd yng Nghaerwent, hefyd, faddondai (4) rhai wrth Borth y Gogledd a'r lleill yng nghanol y dref, ac fel man cyfarfod i'r bobl ac i gyflwyno adloniant, adeiladwyd amphitheatr (1) er nad oedd hon cystal â'r un yng Nghaerllion. Yn olaf, 'roedd yno siopau a thai wedi eu codi'n flociau arbennig yma ac acw yn y dref. Yn wir, nid yn y dref yn unig yr adeiladodd y Rhufeiniaid eu tai, ond hefyd ar hyd a lled y wlad. A thai hardd oeddynt hefyd — rhai hynod o fodern, rhai, hyd yn oed, â gwres canolog. 'Roedd y Rhufeiniaid yn credu mewn moethusrwydd.

27

(iv) Mwynfeydd

Y Rhufeiniaid a ddechreuodd fwyngloddio yng Nghymru. Perthynai'r mwyngloddiau i'r Ymerodraeth ac i'r awdurdodau Rhufeinig, wrth gwrs, yr âi'r cynnyrch a'r elw. Ond yma eto, mae'n sicr mai trigolion y wlad a wnâi'r gwaith caled o durio'r ddaear.

Codid plwm o'r ddaear ger y Fflint ac yn Nhalargoch, Dyserth, (Clwyd). Y mae'n bosibl fod ffwrneisiau yn yr ardaloedd hyn, hefyd. Ynddynt hwy y toddid y plwm, cyn ei allforio o borthladd Fflint. Ardaloedd eraill lle bu mwyngloddio plwm oedd Abergele (Clwyd), Llanymynech (Powys) a Goginan (ger Aberystwyth). Cloddid copr o'r Gogarth, Llandudno a Mynydd Parys (Ynys Môn). Daethpwyd o hyd i amryw ddarnau o gopr wedi ei drin yma ac acw ym Môn ac ychydig mewn lleoedd cyfagos, ac yn ôl pob tebyg yn Amlwch y mwyngloddiwyd ac y toddwyd y rhain. Agorwyd mwynfeydd haearn yng Nghaerwent ac ym Misca (De Morgannwg). 'Roedd angen yr haearn i wneud arfau ac i gryfhau palmentydd y strydoedd. Yn y cyfnod hwn, hefyd, daethpwyd o hyd i aur ym Meirion (ger Dolgellau) ac yn Nolaucothi (Dyfed). Ni fu llawer o fwyngloddio ar lo, fodd bynnag, yr adeg yma, er efallai fod yna beth cloddio wedi bod yng nghyffiniau Caerdydd a Chaerwent yn y De a Fflint yn y Gogledd. Hyd yn hyn, nid oedd pobl wedi sylweddoli y defnydd mawr a ellid ei wneud o'r mwyn hwn yr ydym ni mor gyfarwydd â'i weld heddiw.

C. EU CYMYNRODD

Ni adawodd y Rhufeiniaid gymaint o'u hôl yng Nghymru ag mewn rhai gwledydd eraill. Mewn sawl gwlad, llwyddodd y Rhufeiniaid i gael trigolion i fabwysiadu eu gwisg a'u harferion bob dydd, a hefyd i ddefnyddio'u hiaith, sef Lladin. Ond yng Nghymru, nid oedd hyn mor hawdd. 'Roedd y wlad ymhell o ganolfan yr Ymerodraeth, a'r tir yn fynyddig a llawer lle yn anghysbell. Felly, 'roedd y Rhufeiniaid yn hollol fodlon ar gadw trefn, gwylio rhag gwrthryfel a derbyn teyrnged gan y bobl.

Cawsant beth dylanwad, er hynny, ar y wlad. Ni fedrai'r trigolion beidio â sylwi ar ddawn a chrefft y Rhufeiniaid fel adeiladwyr — wedi'r cwbl, 'roedd prawf o'u gwaith yn y ffyrdd, y tai, y temlau, y theatrau a'r baddondai a godwyd yn y cyfnod.

Efallai mai cyfraniad mwyaf y Rhufeiniaid, o safbwynt y Cymry, oedd eu cyfraniad i amaethyddiaeth. Dysgodd pobl y wlad ganddynt sut i drin a gwella'r tir, sut i blannu mathau newydd o gnydau a choed, sut i glirio fforestydd a sut i garthffosio corsydd. 'Roedd hyn i gyd yn

MAP V: MWYNFEYDD RHUFEINIG

dangos sut y gallai'r bobl wella eu safon byw. Gallent hefyd, wrth
gwrs, wneud defnydd o'r mwynfeydd a agorwyd gan y Rhufeiniaid.
    Er na orfododd y Rhufeiniaid bobl Cymru i ddefnyddio'r iaith
Ladin, sylwn gymaint o eiriau Cymraeg heddiw sydd wedi tarddu o'r

iaith e.e. porth, 'drws' o PORTA; saeth o SAGITTA; llyfr o LIBER; llythyr o LITTERA; diafol o DIABOLUS; fflam o FLAMMA, llong o LONGA, pêl o PILA, terfyn o TERMINUS, ac ysgol o SCHOLA neu SCALA. Mae'n siwr hefyd, mai gan y Rhufeiniaid y dysgodd rhai o'r brodorion ysgrifennu a rhifo. Mae rhifau Rhufeinig yn parhau i gael eu defnyddio heddiw, e.e. V = pump, X = deg, L = hanner cant, C = cant, M = mil, IV = pedwar, IX = naw a XC = naw deg.

———————————————

Tua diwedd y bedwaredd ganrif, daeth llywodraeth y Rhufeiniaid i ben ym Mhrydain. Gwrthryfelodd amryw o lwythau ar y cyfandir yn erbyn yr Ymerodraeth, a bu rhaid galw holl filwyr Rhufain yn ôl i wrthsefyll yr ymosodiadau hynny.

YMARFERION

1. Copïwch Map III o'r Ymerodraeth Rufeinig yn eich llyfr nodiadau. Lliwiwch y rhannau hynny oedd yn perthyn i'r Ymerodraeth gan enwi'r gwahanol wledydd.

2. Dysgwch rannau o'r gerdd 'Caradog' gan Trefin, a chyfansoddwch ymddiddan rhwng yr Ymerawdwr a Charadog.

3. Tynnwch lun milwr Rhufeinig, gan enwi gwahanol rannau ei wisg a'i arfwisg, a hefyd, yr arfau, yn eich llyfr nodiadau.

4. Mae Map IV yn dangos cwrs y ffyrdd Rhufeinig yng Nghymru. Copïwch y map gan enwi'r prif ganolfannau yn y cyfnod hwn.

5. Dengys Map V sefyllfa'r mwynfeydd Rhufeinig. Enwch y lleoedd a'r mwynau a gloddid yno. Lliwiwch bob sgwâr:— plwm — piws, copr — coch, haearn — llwyd, aur — melyn a glo — du.

6. (a) Ysgrifennwch y geiriau Cymraeg a darddodd o'r geiriau Lladin hyn:—
   BENIDICTUS, CELLA, DISCIPULUS, FOSSA, MILES, SANCTUS, TEMPLUM, SACCUS, CARCEREM, POPULUS.

   (b) Ysgrifennwch ffigurau Rhufeinig am 99, 719, 828, 999, 1039.

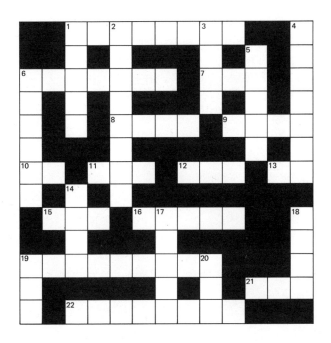

CROESAIR 2

Ar Draws

1. Yn hwn roedd swyddfeydd y dref Rufeinig.
6. Roedd un o'r rhain hefyd yn y dref.
7. Tair llythyren gyntaf ansoddair a ffurfir o'r gair 'aur'.
8. Roedd rhan o hwn yn rhan o'r Ymerodraeth.
9. Tad y tad.
10. Ymddangosai'r Brythoniaid yn _ _ i'r Rhufeiniaid.
11. Roedd gan y Rhufeiniaid rai modern iawn.
12. Enw cyntaf yr ymerawdwr cyntaf i ddod i Brydain.
13. Gorchfygodd y Rhufeiniaid Brydain _ _ arfau.
15. Ychydig o hwn a gloddiwyd yn y cyfnod hwn.
16. Ym Mynydd _ _ _ _ _ y mwyn-gloddiwyd copr.
19. Lle ar y briffordd orllewinol.
21. Amgylchynwyd pob caer â _ _ _.
22. Yr unig dref o faint yng Nghymru (tua 200 OC)

I Lawr

1. Cymeriad adnabyddus yn Hanes Prydain.
2. Yr hyn a wisgai'r milwyr Rhufeinig am eu traed.
3. Gwersyll y milwyr.
4. Cafodd ei ddwyn yn garcharor i Rufain.
5. Yr oedd _ _ _ _ _'r Rhufeiniaid yn llawer gwell na rhai'r Brythoniaid.
6. Un o'n hynafiaid ni.
14. Mwyn.
17. Yma y mwyngloddiwyd ac y toddwyd copr (ond newidiwch drefn y llythrennau).
18. Defnydd gwisg, nid arfwisg y milwr Rhufeinig.
19. Dysgodd y Rhufeiniaid y trigolion sut i drin y _ _ _ yn well.
20. Cymerai gŵr ifanc uchelgeisiol o Frython _ _ _ flaen llaw yn y bywyd Rhufeinig.

Cofiwch fod **DD**, **TH**, **LL** yn mynd i un sgwâr!

Mae'r atebion ar dudalen 76

PENNOD 3

CYFNOD O YMOSODIADAU

LLUN 17: TU ALLAN — UN O GYTIAU'R GWYDDELOD

A.   Y GWYDDELOD

Enw arall ar Goedeliaid yw Gwyddelod, ac er bod rhai ohonynt
wedi cymysgu â'r Iberiaid a'r Brythoniaid, arhosodd eraill yn an-
nibynnol, gan symud fwy a mwy i'r Gorllewin. Yna, pan ddaeth y
Rhufeiniaid, ymfudodd llawer ohonynt i Iwerddon, ond o dro i dro,
byddent yn dychwelyd yma i aflonyddu ar y wlad. Chwilio am gaethion
oedd eu prif amcan, medd rhai, ac yn ôl un stori, ar ymgyrch fel hon y
dygwyd ymaith Badrig a ddaeth yn nawddsant Iwerddon. Hyd yn oed
yn y cyfnod Rhufeinig, llwyddodd rhai Gwyddelod i ymsefydlu yn
Llŷn ac yng Ngorllewin Dyfed, ond pan aeth y Rhufeiniaid oddi yma,
daeth llawer mwy o Wyddelod yma i feddiannu ardaloedd eraill yn y
wlad.

Gwyddom lle'r ymsefydlodd y Gwyddelod yng Nghymru, o'r olion
a ddarganfuwyd o'u cartrefi a'r enw a roddir ar y rhain yw 'Cytiau'r
Gwyddelod'. Yn y gorllewin, wrth gwrs, y daethpwyd o hyd i'r rhan
fwyaf ohonynt, mewn lleoedd fel Caergybi a Thre'r Ceiri (Arfon).

Adeiladau crwn oedd Cytiau'r Gwyddelod, wedi eu toi â gwellt a brwyn ac yr oedd un fynedfa i bob un ohonynt yn wynebu'r deddwyrain.

Tu mewn i'r cartref, gwelid y polyn oedd yn cynnal y to, simnai a lle tân o lwyfan cerrig, maen llyfnu, maen i falu bwyd a dau dwll yn y ddaear i gadw arfau a chelfi.

LLUN 18: CYNLLUN CWT GWYDDELIG. Y CERRIG TYWYLL
YW'R RHAI SY'N SEFYLL YM MURIAU'R CWT,
FEL YN LLUN 17.

Yn yr ardaloedd lle bu'r Gwyddelod, daethpwyd o hyd hefyd i Gerrig Ogam. Math arbennig o ysgrifennu oedd Ogam a ddyfeisiwyd gan Geltiaid paganaidd De Iwerddon, a'r ysgrifen yma sydd i'w weld ar gerrig bedd rhai Gwyddelod a fu farw yng Nghymru, ambell un yng nghyfnod y Rhufeiniaid, a rhai, hyd yn oed mor ddiweddar â'r seithfed ganrif. Ar y cerrig bedd hyn, rhan amlaf, gwelid ysgrifen Ogam yn unig ond weithiau byddai'r enw Lladin ar y person a fu farw, ochr yn ochr â'r Ogam. Felly yn ddiweddarach, daeth pobl i ddeall beth oedd pob sumbol. Ogam yn ei olygu a gellir yn awr osod llythyren o'r wyddor ar gyfer pob sumbol Ogam fel hyn:—

a = ·	f = ⊦	l = ⊢	s = ⊨	Oi = ⊙		
b = ⊢	g = ⧻	m = ⊤	t = ⊣	Ia = η		
c = ⧻	ng = ⧻	n = ⊨	u = ⦂	Ui = φ		
d = ⊣	h = ⊣	o = ⦂	w = ⊨	Ae = ⊕		
e = ⦙	i = ⦙	r = ≣	Ea = ×			

34

LLUN 19: CERRIG OGAM

Stori Branwen, Ferch Llŷr

Chwedl o'r Oes hon yw stori Branwen. Un prynhawn braf, yr oedd
Bendigeidfran, Brenin Ynys y Cedyrn, yn Harlech, Ardudwy, yn
eistedd ar y llechwedd ger y môr gyda rhai o'i berthnasau a'i ddilynwyr.
Yn sydyn, gwelsant dair llong ar ddeg yn nesáu o gyfeiriad Iwerddon.
Ymosodiad? Na! Codwyd tarian ar flaen un llong oedd yn arwydd o
heddwch ac wedi deall, Matholwch, brenin Iwerddon oedd yno yn
awyddus i briodi Branwen, chwaer Bendigeidfran. Cafodd groeso
tywysogaidd ac wedi peth ymgynghori, cytunwyd i'r briodas gymryd
lle. I ddathlu'r amgylchiad, trefnwyd gwledd fawr yn Aberffraw, Môn.

Ond yn sydyn, cyrhaeddodd Efnisien (hanner-brawd Branwen), a
phan glywodd am y briodas, digiodd yn bwt. Yn ei ddicter, torrodd

ymaith weflau, clustiau, cynffonau ac aeliau meirch Matholwch yn ystod y wledd, a'u gwneud yn hollol ddi-werth. Y fath sarhad! Pan glywodd Matholwch, gadawodd y llys ar unwaith gan ddwyn Branwen gydag ef. Ond cyn iddo gyrraedd yr arfordir, anfonodd Bendigeidfran genhadon ar ei ôl i wneud iawn am y drosedd.

Cyrhaeddwyd Iwerddon, a chafodd Matholwch a'i wraig, Branwen, groeso mawr. Yn ystod ei blwyddyn gyntaf 'roedd Branwen yn hapus iawn a ganwyd mab iddi. Ond aeth y si ar led yn y wlad am yr anfri a ddioddefodd Matholwch yn Aberffraw ac fe'i cymhellwyd i ddial. Bu rhaid iddo, felly, orfodi Branwen i weithio yn y gegin gyda'r cigydd, a roddai fonclust iddi bob dydd. 'Roedd bron â thorri ei chalon ac 'roedd hiraeth bron â'i threchu. Ond bob bore, deuai drudwy fach i'w gweld a daeth y ddau yn ffrindiau mawr ac i ddeall ei gilydd i'r dim. Dysgodd Branwen i'r aderyn bach sut un oedd ei brawd, ac wedi ei hyfforddi'n ofalus, anfonodd lythyr dan ei adain i Gaer Saint yn Arfon, i ddweud am ei bywyd helbulus. Derbyniodd Bendigeidfran y llythyr a hwyliodd ar frys gyda'i fyddin.

Cyrhaeddodd Bendigeidfran Iwerddon gyda'i fyddin, a'r Gwyddelod, o'i weld, ag ofn yn eu calon. Pan glywodd Matholwch ei fod yn nesáu, ar ôl trafod y sefyllfa â'i gynghorwyr, enciliodd dros yr Afon Llinon gyda'i ddilynwyr gan ddinistrio'r bont dros yr afon, er mwyn ei gwneud hi'n anodd i Bendigeidfran a'i lu ddod yn agos.

Ond pan ddaeth brawd Branwen i'r fan, ei eiriau oedd "A fo ben, bid bont". Gorweddodd ar draws yr afon a'i wŷr yn cerdded drosto yn benderfynol o fynnu iawn am anfri Branwen.

Wedi i'r Cymry gyrraedd yr ochr arall, daeth deiliaid Matholwch at Bendigeidfran yn groesawus ac yn wên i gyd gan ddweud wedi'r cwbl fod Gwern mab Branwen wedi cael ei wneud yn etifedd brenhiniaeth teyrnas Iwerddon. Ond nid oedd hynny'n unig yn bodloni Bendigeidfran, a dyna'r neges a gafodd Matholwch. Rhaid oedd cael telerau gwell. Cynghorwyd Matholwch i adeiladu tŷ i anrhydeddu'r ymwelwyr, a'i rannu'n gyfartal rhwng ei gefnogwyr ef a chefnogwyr Bendigeidfran. Ond cynllwyniodd y Gwyddelod ystryw a gosod sach o flawd (yn ôl yr ymddangosiad), tu ôl i bob colofn yn y tŷ — ond nid blawd oedd yn y sachau ond gwŷr arfog. Efnisien o bawb oedd yn amau ac aeth o gwmpas y lle a gwasgu pen pob Gwyddel oedd mewn sach, ac wrth gwrs, lladd pob un ohonynt.

Ac yna, daeth y ddau lu i'r tŷ i gyhoeddi'r frenhiniaeth ar Gwern. Ar ôl y seremoni galwyd y bachgen at Bendigeidfran ac at ei frawd, Manawydan, ond ddim at Efnisien. Synnodd yntau a dangos hynny'n amlwg. Ceisiodd Bendigeidfran, fodd bynnag, arbed y cam trwy ddod ag ef at Efnisien. Yn sydyn, yn ei wylltineb, cydiodd Efnisien yn y bachgen a'i daflu i'r tân. Ceisiodd Branwen ei achub ond rhwystrodd Bendigeidfran hi rhag iddi hithau, hefyd, losgi. Yna, bu cyflafan erchyll, y fwyaf a fu erioed o fewn un tŷ.

Yn y gyflafan dechreuodd y Gwyddelod gynnau pair y dadeni. Taflwyd cyrff y rhai a laddwyd i'r ffwrn danllyd, gan ddisgwyl y byddent yn dychwelyd trannoeth i ymladd, ond na fyddent yn gallu siarad.

Yng nghanol hyn i gyd, teimlai Efnisien yn euog am fod yn gyfrifol am gymaint o fywydau ei gyd-wladwyr. Yn sydyn, taflodd ei hun i'r ffwrn ymysg cyrff y Gwyddelod, ac fe'i llosgwyd yn lludw mân.

Buddugoliaeth i'r Cymry? Ie! ond dim ond saith oedd ar ôl a Bendigeidfran ei hun yn awr, wedi hen ddiflasu, yn gorchymyn i'w ben gael ei dorri ymaith. Ufuddhawyd i'w orchymyn a hwyliodd Branwen a'r saith gŵr yn ôl i Gymru. Yma, bu hithau'n edifar ganddi erioed gael ei geni, gan fod dwy 'ynys' wedi cael eu dryllio o'i herwydd hi. Torrodd ei chalon a bu farw ar lan Afon Alaw, ym Môn.

B.   Y BRYTHONIAID O'R GOGLEDD

Tua diwedd y bedwaredd ganrif, a'r Rhufeiniaid yn colli tir ym Mhrydain, penderfynodd yr awdurdodau sicrhau eu safle yn y wlad. Trechwyd y Pictiaid yn y Gogledd a'r Saeson yn y De ond beth am y Gwyddelod yn y Gorllewin, yng Nghymru? Erbyn hyn rhaid cofio fod llawer Brython wedi cymysgu â'r Rhufeiniaid ac wedi mabwysiadu eu dull o fyw. Roedd rhai ohonynt yn byw yng Ngogledd Prydain, ac yn eu mysg roedd gŵr o'r enw CUNEDDA, a fu'n arweinydd byddin yn gwarchod Mur Hadrian, amddiffynfa'r Rhufeiniaid rhag ymosodiadau'r Pictiaid. Hwn, yn ddi-amau, oedd y gŵr i ddelio â'r Gwyddelod! Felly, penodwyd ef i'r swydd, ac ymdeithiodd ef, ei deulu a'i fyddin i Gymru.

Wedi cyrraedd, a thrigolion Powys yn ei gynorthwyo, meddiannodd y rhan fwyaf o Ogledd Cymru ac ychydig o'r De, a sefydlu iaith arbennig i'r ardaloedd hyn. Er bod gwreiddiau'r iaith Gymraeg yn llawer hŷn na'r cyfnod hwn, dyma'r adeg yn hanes Cymru y gellir dweud fod y Gymraeg yn ei ffurf bresennol wedi'i sefydlu.

'Roedd gan Gunedda feibion ac enwyd y rhannau a orchfygwyd gan Frythoniaid y Gogledd yn ystod y cyfnod hwn ar ôl rhai ohonynt:—
(1) RHUFON: Rhufoniog, rhan o'r hen Sir Ddinbych yn ymylu ar ffiniau'r hen Sir Fflint; (2) DUNOD: Dunoding, rhwng Afonwen ac

LLUN 20: CUNEDDA: BRYTHON A FABWYSIADODD
Y DULL RHUFEINIG O FYW

Enwog ei Gesarogion, penadur y Mur Mawr,
Ei wialen ar Gaerliwelydd a'i lawr i Gaerloyw'n ymestyn,
Ei waed o frenhinoedd Prydain a'n miloedd blynyddoedd ni,
Hwnnw oedd glanhawr Gwynedd, bu ysgub i wasgar y Gwyddyl,
Llew yr arfordir gorllewin a saer ein cyweithas oedd.

John Eilian

**MAP VI: Y RHANNAU O GYMRU A FEDDIANNWYD
GAN CUNEDDA A'I FEIBION**

Abermaw; (3) DOGFAEL: Dogfeiling, de Dyffryn Clwyd; (4) EDERN:
Edeirnion, yr ardal i'r de o Gorwen; (5) CEREDIG: Ceredigion;
(6) AFFLOG: Afflogion, rhan o Lŷn. Roedd gan Cunedda, hefyd, fab
o'r enw TYBION a fu farw cyn i'r teulu adael Manaw Gododdin yn y
Gogledd, ond ei fab MEIRION (7) a roddodd yr enw i Feirionydd.

Roedd EINION YRTH, hefyd, yn fab i Gunedda ond mae'n debyg na lwyddodd ef i orchfygu'r Gwyddelod ym Môn ac Arfon. Ond ar ôl ei farw, gorchfygodd ei fab, CADWALLON LAWHIR, y Gwyddyl, Serygei, mewn brwydr ger Trefdraeth, ym Môn, a ffôdd y Gwyddelod oedd ar ôl dros y môr i Iwerddon, a daeth Cadwallon yn llywodraethwr Gwynedd.

Beth am weddill rhanbarthau Cymru? DYFED: y Gwyddelod eu hunain a sefydlodd y rhanbarth yma. BRYCHEINIOG: disgynyddion yn hannu o briodas tywysog Gwyddelig â thywysoges o'r rhanbarth ei hun. Ond POWYS yw'r deyrnas hynaf — ymhell cyn i'r Rhufeiniaid ddod yma.

Maelgwn Gwynedd

Olynydd Cadwallon Lawhir oedd ei fab, Maelgwn, un o gymeriadau mwyaf rhamantus Hanes Cymru. Ond mae'n ymddangos ei fod ef yn teyrnasu ar diroedd eraill heblaw rhanbarth Gwynedd. Sut? Ni wyddom yn iawn. Mae'n debyg iddo drechu ei ewythr (ar ochr ei fam) mewn brwydr ac felly ennill y tir ychwanegol.

Ond mae stori arall ddeniadol yn egluro sut yr enillodd Maelgwn gymaint o awdurdod. Cyfarfu pob un o benaethiaid y Gogledd ar arfordir Bae Ceredigion i ddewis eu pendragon a'r naill yn herio'r llall, pa un allai wrthsefyll y llanw hwyaf. Maelgwn fodd bynnag oedd y craffaf, a threfnodd ef i un o'i arglwyddi lunio math o gadair siglo a nofiai ar wyneb y dŵr. Daeth awr yr ornest a'r llanw yn dod i mewn, y lleill yn sefyll yn barod a Maelgwn yn eistedd yn ei gadair. Daeth y tonnau yn nes ac yn nes a'r tywysogion eraill yn cilio'n ôl, ond arhosodd Maelgwn ar waetha'r llanw, ac ef, wrth gwrs, a enillodd y dydd.

Ef, yn awr, oedd pen tywysog Gogledd Cymru. Aeth hyn i'w ben a chredodd fod ganddo hawl ar bawb a phopeth. Cymerodd ffansi at wraig ddel ei nai, ac yn fyrbwyll hollol, llofruddiodd ei wraig ei hun a'i nai, a phriodi'r ferch. Meddiannodd diroedd gwŷr a fu'n llafurio'n ddiwyd dros y blynyddoedd. Mae stori, hefyd amdano'n lladrata trysorau gwerthfawr Padarn Sant o'i ganolfan ger Aberystwyth.

Yna, cafodd drōedigaeth, ac encilio i dawelwch mynachlog — troi'i gefn ar y byd y tu allan, ymprydio, llafurio â'i ddwylo a gweddïo'n gyson. Ond blinodd ar hyn eto — wedi'r cwbl yr oedd ef yn dywysog â hawl ganddo i wneud yr hyn a fynnai. Dyna a wnâi o hyn ymlaen — difa, dwyn a mynnu'i ffordd ei hun! Ac eto, hyd yn oed yn y cyfnod hwn, dangosai beth ewyllys da tuag at rai o'r saint a grwydrai Gymru yn sôn am Grist.

Tua chanol y chweched ganrif, fodd bynnag, ysgubodd pla erchyll trwy Brydain, sef y Fâd Felen. Pan welodd Maelgwn lawer o'i ddeiliaid yn dioddef poen arteithiol ac yn marw, cafodd fraw enbyd. Rhedodd ymaith, heb wybod i ble. O'r diwedd daeth at Eglwys Llanrhos, ger Llandudno, ac aeth i mewn a chloi'r drws. Yno, ac yntau'n edrych tua'r bryniau, gwelodd y Fâd Felen mewn ffurf bwystfil yn nesáu ato, ac yn ôl yr hanes, yn ei ddryswch, bu farw ym 547.

C. Y SAESON

(i) Ymosodiadau Cynnar

Bu'r Saeson yn ymosod ar Brydain o bryd i bryd yn ystod y cyfnod Rhufeinig, ond heb lwyddo llawer, ond wedi i wŷr Rhufain ymadael dechreuodd y Saeson ddinistrio ac ysbeilio o ddifrif. Yna, tua chanol y bumed ganrif, ac yntau yn ofni cael ei ddi-orseddu gan y Pictiaid o'r Gogledd, erfyniodd Gwytheyrn, brenin y Brythoniaid, am gymorth y Saeson. Yr oeddynt yn barod i helpu ar unwaith, a daethant yn llu o'r Cyfandir a gorchfygu'r gelynion o'r Gogledd. Ond wedyn, mynnai'r Saeson aros, a gyrru'r Brythoniaid druain ymhellach i'r Gorllewin. 'Roedd yn amlwg fod y Saeson, fel y Rhufeiniaid, yn cymryd rhyfela o ddifri.

Y Brenin Arthur

I'r cyfnod hwn y perthyn y Brenin Arthur, ond er ein bod bob amser yn ei gysylltu â Chymru, yn rhyfedd iawn, yn Lloegr y bu'n brwydro trwy'i oes. Brwydrodd yn galed yn erbyn y Saeson a thua'r flwyddyn 500, fe'u trechodd ym mrwydr Mynydd Baddon. Cafwyd hanner canrif o heddwch wedi hynny.

Mae llawer o chwedlau am y Brenin Arthur ond y mwyaf adnabyddus yw'r un am ei farw. Cafodd Arthur ei glwyfo ym Mrwydr Maes Camlan ac 'roedd mewn poen erchyll. Dyma'r brenin yn gorchymyn Bedwyr, y marchog ffyddlon, i daflu ei gleddyf gwych, Caledfwlch, i lyn cyfagos. Caledfwlch! Cofiai Arthur yn dda am yr amser pan oedd y wlad heb frenin a'r bobl heb wybod sut i ddewis brenin newydd. Ond yn y bore, ymddangosodd eingion fawr ac ynddi gleddyf, ac arno'r geiriau 'Y sawl a dynno'r cleddyf hwn yn rhydd a fydd eich brenin'. Ceisiodd llawer marchog ei dynnu o'r wain, ond yn ofer. Pan ddaeth Arthur ymlaen, fodd bynnag, tynnodd ef ar unwaith, a chydnabyddwyd ef yn frenin Prydain. Ond yn awr, 'roedd ei ddyddiau yn dirwyn i ben a Bedwyr druan ar fin taflu'r cleddyf hardd i'r llyn. Sut y medrai ufuddhau i'r gorchymyn a'r cleddyf mor ysblennydd?

LLUN 21: RHYFELWR SEISNIG

Ei ddyrnol aur addurnfawr
Cywrain oedd ac arni wawr
O liwiau gemau lawer,
Gwawr y tân ac eira têr;
Lliw gwaed rhudd, lliw gwydr a haul
Neu sêr yr hafnos araul;
Ei hir lafn dur, lyfned oedd
A difreg lif y dyfroedd,
A gloyw fel fforchog lewych
Rheiddiau'r haul ar ddisglair ddrych

T. Gwynn Jones

Ni fedrai! Cuddiodd y cleddyf yn yr hesg, ac aeth yn ôl at ei frenin gan gymryd arno ei fod wedi cyflawni'r weithred. Gwyddai Arthur yn iawn beth a ddigwyddodd, er ei fod mewn poen dychrynllyd, a dywedodd wrth Bedwyr am ddychwelyd, a'r tro hwn i ufuddhau i'w orchymyn. Gwnaeth Bedwyr yr un peth eto a phan ddychwelodd, wrth gwrs, ni fedrai argyhoeddi'i feistr. Rhaid oedd mynd y trydydd tro, a'r tro hwn, fe daflodd y cleddyf. Fel y disgynnodd y cleddyf cododd llaw wen o'r llyn i'w dderbyn, a'i dynnu o dan y dŵr. Dychwelodd Bedwyr ac adrodd ei stori, a gofynnodd Arthur iddo ei hebrwng at y llyn. Ufuddhaodd y marchog a phan gyrhaeddodd y ddau lan y llyn, gwelsant fad yn hwylio tuag atynt a thair brenhines ar ei bwrdd. Cyrhaeddodd y bad y lan a daeth y tair at Arthur a'i helpu i'r cwch. Yna hwyliasant i Ynys Afallon:—

Draw, draw dros y tonnau, fan honno mae'r tir
Lle daw holl freuddwydion yr ifanc yn wir;
Gwlad heulwen ddi-gwmwl, gwlad blodau di-ddrain,
Y wlad lle mae'r cleddyf am byth yn y wain,
Dan flodau'r afallen caf orffwys byth mwy
Yn Ynys Afallon, i wella fy nghlwy.

(ii)   Brwydrau Pwysig

Bu cyfnod o heddwch am tua hanner canrif ar ôl hyn, a hon oedd 'Oes Aur y Brythoniaid'. Ond 'roedd y Saeson yn benderfynol o orchfygu'r wlad, ac felly daeth Brythoniaid Cumbria, Cymru a Chernyw at ei gilydd, i wrthsefyll eu hymosodiad. O'r cyfnod hwn y tardd y gair 'Cymry' a'i ystyr yw 'cyd-wladwyr'.

Yr unig ffordd i'r Saeson setlo'r broblem oedd torri'r cysylltiad rhwng y tair mintai o Gymry. Rhaid cofio fod y tir a feddiannodd y Saeson hyd yma wedi'i rannu yn dair rhan — Northumbria yn y Gogledd, Mersia yn y Canolbarth a Wessex yn y De, pob un â'i brenin ei hun.

Yn y De, yn Sir Gaerloyw, y gorchfygodd y Saeson y Cymry gyntaf, a thorri'r cysylltiad rhwng Cymry Cernyw a Chymry'n gwlad ni. Trechodd Ceawlin, brenin Wessex ein hynafiaid ym mrwydr Deorham yn y flwyddyn 577.

Yn y Gogledd, 'roedd gan y Brythoniaid bedair tiriogaeth, Ystrad Clud, Rheged a Gododdin yn yr Alban, ac Elfed sef Leeds a'r cyffiniau heddiw. Dyma ardaloedd dau o'n beirdd cynharaf sef Taliesin ac Aneirin ac y mae'r ddau'n sôn am ddigwyddiadau'r cyfnod yn yr ardaloedd hyn:—

Taliesin

Brenin o'r enw Urien a'i fab Owain oedd arwyr Taliesin. Dim ond clod a dalai Taliesin yn ei farddoniaeth i Urien am ei wroldeb yn ymladd yn erbyn y Saeson a thystiai'n ddiffuant iawn am y croeso a gafodd yn llys y brenin, — y bwyd blasus, a'r medd a'r gwisgoedd bendigedig. 'Roedd gan y bardd yr un parch i Owain, a phan fu hwnnw farw, canodd farwnad fythgofiadwy iddo yntau.

Aneirin

Arwr Aneirin oedd Mynyddawg Mwynfawr, brenin Gododdin, a drefnodd ymgyrch fentrus yn erbyn Saeson Deifr, wedi iddynt feddiannu Catraeth. Yn ôl Aneirin casglodd Mynyddawg fyddin ddethol ynghyd o dri chan gŵr a'u hymarfer am flwyddyn gron. Yna, ymdeithiodd yn ddi-ofn i wynebu'r gelyn yng Nghatraeth. Bu'r brwydro'n galed am wythnos gyfan ond yn y diwedd dim ond un Brython oedd ar ôl ac Aneirin yn disgrifio'r galar ym Manaw Gododdin wedi i hwnnw ddychwelyd, ond ar yr un pryd yn ymfalchïo mewn ymgyrch mor anturus ac yn talu clod i Mynyddawg am ei threfnu:—

> Gwŷr a aeth Gatraeth oedd ffraeth eu llu;
> Glasfedd eu hancwyn, a gwenwyn fu.
> Trichant trwy beiriant yn cãtäu —
> Ac wedi elwch tawelwch fu.
> Cyd elwynt i lannau i benydu,
> Dadl diau angau i eu treiddu.

(Aralleiriad: Aeth y gwŷr i Gatraeth yn barod i ymladd. Ar eu ffordd ac wedi cyrraedd cawsant fedd newydd, ffres ond ni fu hyn o gymorth iddynt. Yna, cafodd y tri chan gŵr orchymyn i ymladd. Am ysbaid, bu sŵn llawenydd yn eu mysg, ond dilynwyd ef gan dawelwch. Ac er iddynt, wedyn, fynd i eglwysi'r cylch i wneud penyd, yn y diwedd, marw fu eu hanes i gyd.)

Cymerodd dipyn o amser i Saeson Brynaich a Deifr uno i ymladd o ddifri yn erbyn y Cymry ond pan ddaeth Aethelfrith yn frenin, bu

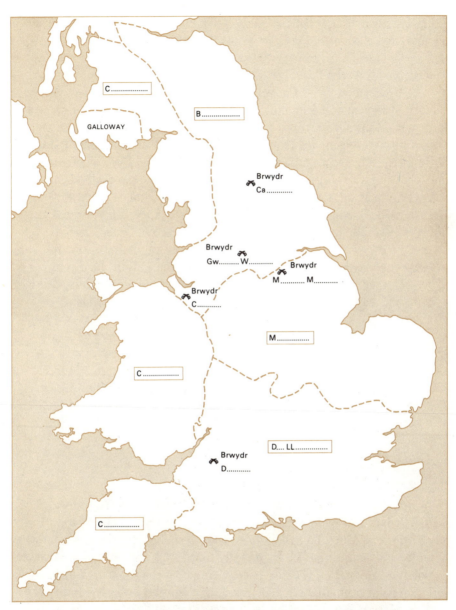

C ⋯⋯⋯⋯

B ⋯⋯⋯⋯

GALLOWAY

Brwydr
Ca ⋯⋯⋯⋯

Brwydr
Gw ⋯⋯ W ⋯⋯⋯

Brwydr
M ⋯⋯⋯ M ⋯⋯⋯

Brwydr
C ⋯⋯⋯

M ⋯⋯⋯⋯

C ⋯⋯⋯⋯

D ⋯ LL ⋯⋯⋯⋯

Brwydr
D ⋯⋯⋯

C ⋯⋯⋯⋯

MAP VII: RHANBARTHAU LLOEGR A LLEOLIAD
BRWYDRAU PWYSIG.

newid. Yn y flwyddyn 613 bu brwydr fawr yng Nghaer. I faes y frwydr, daeth tri chan mynach o Fangor Is-goed, i weddïo dros y Cymry ac i ofalu am y rhai a gâi'u clwyfo. Yn y diwedd, y Saeson a orfu, ond gwarth ar gymeriad Aethelfrith oedd iddo lofruddio pob un o'r mynaich a ddaeth i helpu'r Cymry. O hyn ymlaen, felly 'roedd Cymry Cumbria a Chymry'n gwlad ni ar wahân.

Wedi marw Aethelfrith, teithiodd ei olynydd, Edwin, cyn belled â Môn a goresgyn yr ynys. Cadwallon oedd tywysog Gwynedd ar y pryd a daeth ef i gytundeb â Phenda, brenin Mersia, nad oedd ar delerau da ag Edwin. Bu rhaid i hwnnw wrthgilio a Chadwallon a Phenda yn ei ddilyn i Faes Meigen, ger Doncaster (633), lle cafodd Edwin ei ladd. Ar ôl hyn, aeth Cadwallon ati o ddifri i ennill tiroedd ym Mrynaich ond ym Mrwydr Canysgol, fe orchfygodd Oswald, mab arall Aethelfrith, y Cymry, ac fe gafodd Cadwallon yntau ei ladd.

Parhaodd y cyfeillgarwch rhwng Penda â'r Cymry. Yn y flwyddyn 655 ymdeithiodd y ddwy garfan i ymladd yn erbyn Oswy, brawd Oswald, a llwyddo. Bu rhaid i Oswy geisio noddfa yn amddiffynfa Iudeu a gorfu iddo drosglwyddo ei holl drysorau iddynt. Ond pan oedd y Cymry ar eu ffordd yn ôl i'w gwlad yn fuddugoliaethus, daeth y Saeson ar eu traws a'u gorchfygu'n llwyr ym mrwydr Gwaith Winwaed.

Am ganrif, bu rhyw fân ysgarmesoedd rhwng y Cymry a'r Saeson ac yn ystod y cyfnod hwn, cafodd y Cymry eu gwthio'n ôl yn fwy a mwy i'r Gorllewin. Yna, yn y flwyddyn 757 daeth Offa yn frenin Mersia a phenderfynodd ef osod ffin bendant rhwng Cymru a Lloegr. Torrodd ffos yn rhedeg yn ddi-fwlch o Brestatyn yn y Gogledd i arfordir y De. Dyma Glawdd Offa.

CH. Y WLAD, Y CANTREF, Y CWMWD

Ar ddechrau'r cyfnod hwn, yr uned lywodraethu yng Nghymru oedd y 'wlad' ac 'roedd amryw o 'wledydd', pob un â'i thywysog neu'i brenin ei hun. Yn nes ymlaen, fodd bynnag, teimlid y byddai'n haws llywodraethu unedau llai ac felly ffurfiwyd 'cantrefi'. Rhannwyd y gwledydd mwyaf megis Môn, Ceredigion, Brycheiniog, ac Ystrad Tywi yn nifer o unedau o'r math yma, ond teimlid bod gwledydd fel Dyffryn Clwyd, Meirionydd a Buellt yn rhy fach i'w rhannu ymhellach, ac felly trowyd hwy yn gantrefi. Yn aml iawn, rheolid y cantref gan frenin (neu arglwydd) hefyd ac er bod hwnnw ei hun dan awdurdod brenin y 'wlad', roedd ganddo yntau ei ddeiliaid a dalai drethi iddo, a'i lys ei hun lle gwrandawai ar achosion ei bobl.

Ymhen amser, ffurfiwyd sefydliad llai eto sef y 'cwmwd'. Parhâi y brenin i arglwyddiaethu yn y cantref ond 'roedd ganddo ei ganolfan ym mhob cwmwd yn ogystal. Yn aml, fodd bynnag, byddai ganddo is-swyddogion yn gweithredu drosto yn yr uned, er y byddai'r brenin yntau'n ymweld â'r ardal o dro i dro. 'Roedd llys brenhinol ym mhob cwmwd hefyd. Yn absenoldeb y brenin, y rhaglaw fyddai'n cynnal y llys, y maer yn casglu trethi'r caethion, a'r rhingyll yn casglu trethi'r uchelwyr.

Y duedd, felly, yn ystod y cyfnod oedd ffurfio unedau llai er mwyn cael llywodraeth fwy effeithiol. Ond, ar y llaw arall, mae'n ddiddorol sylwi erbyn y nawfed ganrif nad oedd ond pedair 'gwlad' yng Nghymru sef Gwynedd, Powys, Deheubarth a Morgannwg.

YMARFERION

1. Tynnwch lun o gerrig Ogam a cheisiwch ysgrifennu'ch enw gan ddefnyddio sumbolau Ogam.

2. Darllenwch un o chwedlau'r Mabinogion a cheisiwch lunio drama fach o'r stori.

3. Lluniwch fap o'r rhannau hynny o'r wlad a oresgynnodd Cunedda a'i feibion. Lliwiwch y gwahanol ardaloedd a'u henwi.

4. Ceisiwch ysgrifennu pedair golygfa ddramatig am Faelgwn Gwynedd gyda'r penawdau: (a) Y llofrudd, (b) Yr ysbeiliwr, (c) Y sant, (ch) Y llwfrgi.

5. Copïwch y llun o Ryfelwr Seisnig yn eich llyfr nodiadau gan liwio gwahanol rannau'r wisg a'r arfwisg, a'u henwi.

6. Ceisiwch, gyda help eich athro, lunio meim o'r chwedlau sy'n sôn am y Brenin Arthur..

7. Copïwch y map sy'n dangos rhanbarthau Lloegr yn y cyfnod a llenwch y bylchau sydd arno.

8. Ceisiwch gael hyd i hen fap o'ch sir, sy'n dangos sut y câi eich ardal chi ei rhannu yn y cyfnod hwn. Defnyddiwch arwyddion gwahanol am wlad, cantref a chwmwd.

9. **Croesair 3**

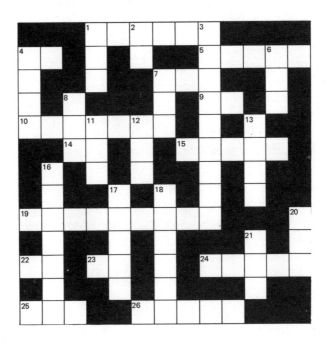

CROESAIR 3

Ar draws

1. Enw'r gŵr a waredodd Gymru rhag y Gwyddyl.
4. Amheuaeth a dechrau enw Brenin.
5. Brenin ym Mrynaich.
7. Arwr o'r Mabinogion.
9. Dwy lythyren olaf enw'r amddiffynfa lle lladratawyd trysorau gan y Cymry.
10. Yr oedd hwn yn llofrudd ac yn sant.
14. Gair nacaol.
15. Un o feibion Cunedda.
12. Mab arall i Gunedda nad enillodd dir.
22. Dangosodd un o frenhinoedd Gwynedd y gallai wrthsefyll hwn.
23. Diwedd yr enw a ddechreuwyd yn 4 (ar draws).
24. Dioddefodd llawer yn y chweched ganrif o'r 'Fâd _ _ _ _ _'.
25. Dunod a roddodd ei _ _ _ i Dunoding.
26. Yr un a arglwyddiaethai ar Rufoniog.

I Lawr

1. Sawl 'tref' oedd yn un o raniadau Cymru yr adeg yma?
2. Cymru yw ein gwlad _ _.
3. Un o frenhinoedd Brynaich.
4. Hen ysgrifen Wyddelig.
6. Dechrau enw'r lle yn 9 (ar draws).
7. Ar yr ynys hon y gorchfygodd Cadwallon Lawhir y Gwyddyl, Serygei.
8. _ _ _ da oedd y brenin Seisnig a fu'n ymladd gyda'r Cymry.
11. Rhuthrodd y tywysogion eraill i gyd am y _ _ _.
12. Tair llythyren gyntaf enw brwydr (655).
13. Beth a dybiwch chi a ddigwyddodd i'r rhai a geisiodd ddianc o frwydr Morfa Rhuddlan?
16. Ŵyr i Gunedda.
17. Un o 'wledydd' Cymru.
18. Beth oedd 'tai'r' Gwyddelod?
20. Yn _ _ _ y mae Afflogion.
21. Beth oedd y Fâd Felen?

Cofiwch fod **DD, TH, FF, LL, RH,** yn mynd i un sgwâr!

Mae'r atebion ar dudalen 76

PENNOD 4

OES Y SAINT

A. CRISTNOGAETH YN DOD I GYMRU

Y mae'n debyg i Gristnogaeth ddod i Gymru yn ystod y cyfnod Rhufeinig, naill ai trwy filwyr yr ymerodraeth a fu'n gwasanaethu gynt ym Mhalesteina neu wledydd cyfagos, neu trwy Frythoniaid ifainc a ymunodd â'r fyddin yn yr ail ganrif, ac a ddaeth i gysylltiad â Christnogion mewn rhannau eraill o'r ymerodraeth, cyn dychwelyd i Gymru. Yn sicr, erbyn diwedd y drydedd ganrif, 'roedd rhai Cristnogion ymysg trigolion y De-Ddwyrain, lle 'roedd dylanwad y Rhufeiniaid gryfaf yng Nghymru.

Pan ymosododd y Saeson ar Brydain, ffôdd amryw o Gristnogion o Loegr i Dde-Ddwyrain Cymru, a thua'r un adeg, cyrhaeddodd Cristnogion o Gâl y rhanbarth. Dyma ddechrau'r ymgyrch fawr a fu o ddiwedd y bedwaredd ganrif hyd yr wythfed i wneud Cymru'n wlad Gristnogol. Y cyfnod hwn oedd 'Oes y Saint'.

Yn Ne-Ddwyrain Cymru, sefydlwyd gwahanol ysgolion i hyfforddi dynion ifainc oedd yn awyddus i genhadu dros Grist. Ymysg yr ysgolion hyn, 'roedd Ysgol Illtud ac Ysgol Paulinus, yn Llanilltud Fawr, ac oddi yno y cychwynnai arweinydd o fynach gyda dilynwyr ar daith genhadol i wahanol ardaloedd yng Nghymru.

Wedi cyrraedd man addas, byddai'r arweinyddion hyn yn ceisio cael darn o dir gan arglwydd yr ardal ac os byddai hwnnw'n ddigon hael, byddent yn sefydlu canolfan (neu fynachlog), ac adeiladu clawdd o'i chwmpas, ac yno byddent wrthi'n ddiwyd yn dysgu pobl yr ardal am Grist. Cafodd llawer pentref neu dref yng Nghymru ei henw o'r canolfannau a sefydlwyd yn y cyfnod hwn gan wahanol saint, er enghraifft, Llangefni, Llanelwy, Tregaron, Caergybi, Maentwrog, Tyddewi a Bodedern.

I ddechrau, yr unig adeilad a godid oedd cell i'r sant, lle câi gyfle i fyfyrio ac i weddïo. Ond fel y cynyddai nifer ei ddilynwyr, adeiledid eglwys lle gallai pawb a ddymunai addoli gyda'i gilydd. Weithiau, deuai mwy o fynaich i'r ardal i ymsefydlu, a rhaid oedd adeiladu celloedd bychain iddynt, ac efallai, adeilad gweddol o faint, lle caent gyfarfod i gyfnewid syniadau pan nad oeddynt eisiau bod ar eu pennau eu hunain. O dipyn i beth, teimlid bod angen hyfforddi, ac i gyfarfod â'r angen yma, adeiladwyd ysgolion gan y mynaich, i ddysgu darllen ac ysgrifennu, ac i ddysgu'r ifanc sut i fod yn genhadon. Yn yr un

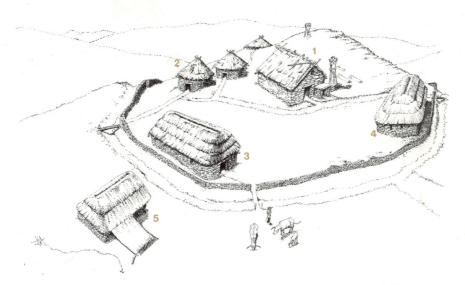

ALLWEDD: 1. Eglwys. 2. Celloedd. 3. Ysgol/Adeilad Cyffredin.
4. Adeilad Croeso/Tŷ Bwyta. 5. Gefail.

LLUN 22: MYNACHLOG YN OES Y SAINT

adeiladau 'roedd ystafelloedd preifat i'r mynaich eu hunain gael copïo
gweithiau gwŷr enwog.

Wrth gwrs, mewn canolfannau fel hyn, 'roedd rhaid cael ystafelloedd
i goginio a bwyta, a chan fod y mynaich yn wŷr mor garedig, 'roedd
rhaid cael adeilad i groesawu teithwyr lluddedig a phobl wael ac
anghenus. Y tu allan i'r ganolfan, hefyd, gwelid yn aml dai gweithwyr
(a wasanaethai'r mynaich), ystordai, gefail a melin.

B. RHAI O BRIF SAINT GYMRU

Ychydig ar ôl i Gristnogion o Gâl ddod i Dde-Ddwyrain ein gwlad,
daeth Cymru, mewn gwirionedd, yn noddfa i'r saint, y rhan fwyaf
ohonynt yn ffoi yma am resymau gwleidyddol, ac yn ein gwlad ni y
gwelsant ffrwyth eu llafur. Dyma grynodeb o hanes rhai ohonynt:—

Dyfrig

Ef oedd yr esgob cyntaf y gwyddom amdano ac fe ordeiniodd lawer
o Gristnogion ein gwlad. Mae'n wir mai yn Swydd Henffordd oedd ei
brif ganolfan ond y mae'n amlwg iddo deithio ar brydiau i Gymru ac

iddo dreulio'r Grawys ar Ynys Bŷr. Ar un o'r teithiau hyn y sefydlodd ei eglwysi yng Ngŵyr ac ym Mhenalun, Dyfed. Ar ddiwedd ei oes, yn ôl yr hanes, ymneilltuodd i dawelwch Ynys Enlli, lle bu farw.

Garmon

Un arall o'r saint cynnar oedd Garmon, a ddaeth yma o Auxerre yn y flwyddyn 429. Nid dod yma i droi paganiaid yn Gristnogion a wnaeth ef a Lupus, ei gydymaith, ond i geisio argyhoeddi rhai o'r Cristnogion oedd yma nad oedd eu syniadau am grefydd yn gywir. Cychwynnodd y ddau ar eu taith o'r Cyfandir ar fore braf, a'r gwynt y tu ôl iddynt, ond cododd storm enbyd a theimlodd y ddau mai gwaith ellyllon y fall oedd hyn yn ceisio'u rhwystro rhag cyflawni eu cenhadaeth. Ond cyn hir, ciliodd y storm a chyrhaeddodd y ddau dir Cymru'n ddiogel. Llwyddodd y ddau i newid syniadau cyfeiliornus rhai o'r Cristnogion. Yn sydyn, daeth paganiaid o'r Gogledd i ymosod ar y wlad. Bu Garmon ar un adeg yn filwr o fri, ac apeliodd y Cymry'n daer arno i'w cynorthwyo. Gan ei fod wedi cymryd at y Cymry, cytunodd i fod yn arweinydd arnynt. Y rhain oedd ei ddyletswyddau:—

> Gwinllan a roddwyd i'm gofal yw Cymru, fy ngwlad,
> I'w thraddodi i'm plant
> Ac i blant fy mhlant
> Yn dreftadaeth tragwyddol;
> Ac wele'r moch yn rhuthro arni i'w maeddu,
> Minnau yn awr, galwaf ar fy nghyfeillion
> Cyffredin ac ysgolhaig,
> Deuwch ataf i'r adwy,
> Sefwch gyda mi yn y bwlch
> Fel y cedwir i'r oesoedd a ddêl, y glendid a fu.

Llwyddodd Garmon a'r Cymry i ymlid y gelyn o'r tir:

> Llawen fo Cymru'n awr;
> Byth, bythoedd, fe saif ei Ffydd
> Daeth ar ei thywyllwch wawr,
> Ac o garchar ofn daeth yn rhydd.

Saunders Lewis

Illtud

Cydoeswr â Dyfrig oedd Illtud Sant. Ffoadur oedd ef o'r dwyrain, pan ymosododd y Saeson ar Brydain, ac ymsefydlodd yn Ninbych-y-Pysgod. Yr oedd hwn yn athrylith mawr, yn fwy hyddysg yn yr Ysgrythurau a phob cangen o athroniaeth nag unrhyw Brydeiniwr arall. Roedd ganddo hefyd wybodaeth eang o farddoniaeth, rhethreg, gramadeg a rhifyddeg. Ond am ei fuchedd a'i ddoethineb 'roedd Illtud yn fwyaf nodedig, ac yn ôl yr hanes, gallai ragfynegi'r dyfodol. Agorodd ysgol yn Ninbych-y-Pysgod i hyfforddi gwŷr ifainc oedd yn awyddus i genhadu yng Nghymru. Yma yr addysgwyd Samson, Teilo, Seiriol, Deiniol a Gildas. Efallai i Faelgwn Gwynedd, hyd yn oed, dreulio cyfnod o'i fywyd yn yr ysgol hon.

'Roedd Illtud yn athro delfrydol, yn batrwm i'w ddisgyblion o ran moes a chrefydd, yn gweddïo ac yn ymprydio'n gyson ac, ar yr un pryd, yn gallu cyflwyno addysg yn effeithiol dros ben. Ac eto, 'roedd ganddo amser i grwydro'r wlad i bregethu ac i sefydlu eglwysi, fel y gwnaeth yn Llanilltud Fawr, Llanharri a lleoedd ym Morgannwg, Llanwyd yn Nyfed, Llanilltud a Llanhamlach ym Mhowys a hyd yn oed, Llanelltyd yng Ngwynedd. Teithiodd ddwywaith i Lydaw hefyd, ac yno y bu farw ym 547.

Samson

Un o ddisgyblion disgleiriaf Illtud oedd Samson. Daeth i'w ysgol pan oedd tua phum mlwydd oed, ac ar unwaith, dangosodd fod ganddo allu eithriadol ac ymroddiad arbennig at waith.

Pan ddaeth yr amser, fe'i ordeiniwyd yn ddiacon ac yn offeiriad gan Ddyfrig, yr esgob. Bwriad Samson wedyn, yn ddi-amau, oedd cynorthwyo Illtud i hyfforddi'i ddisgyblion. Ond 'roedd nai Illtud yn genfigennus ohono, a chynllwyniodd i'w wenwyno. Daeth Samson i wybod am y cynllwyn, a dihangodd i fynachlog Ynys Bŷr, lle bu'n abad ar argymhelliad Dyfrig.

Ond crwydryn oedd Samson ac o Ynys Bŷr aeth ar daith i Bally-samson ger Dulyn ac oddi yno i Wexford. Yn y lleoedd hyn tyrrai'r Gwyddelod i'w glywed yn pregethu'r Gair ac i dderbyn ei fendith. 'Roeddynt fwy neu lai yn ei addoli ond, wedi peth amser, teimlodd Samson awydd am lonyddwch i fyfyrio ac i weddïo ar ei ben ei hun. Rhaid, felly, oedd dychwelyd i Ynys Bŷr. Glaniodd yn ôl ond er iddo gyrraedd y ganolfan ar yr ynys ymadawodd â hi eto. Nid oedd digon o lonyddwch a distawrwydd yno bellach a phenderfynodd ymneilltuo i ogof unig ger Stockhole Elidyr yn Nyfed, lle câi weddïo ac ymprydio mewn heddwch. Am gyfnod ni wyddai neb lle 'roedd Samson. O'r diwedd daeth Dyfrig o hyd iddo a'i argyhoeddi fod angen lledaenu'r Efengyl a bod ganddo yntau waith mawr i'w wneud.

Ni allai Samson anufuddhau i Ddyfrig o bawb, ac fe'i cysegrwyd gan yr esgob yn y flwyddyn 521. Yn fuan wedyn, ymadawodd Samson ar daith arall, y tro hwn i Ddôl yn Llydaw, gan alw yn Guernsey ar ei ffordd a sefydlu eglwys yno. Wedi cyrraedd Dôl, cysegrodd ei hun i

MAP VIII: TEITHIAU SAMSON

waith Duw a threuliodd weddill ei oes yno, yn pregethu, yn gweddïo ac yn hyfforddi'r ifanc.

Teilo

O holl ddisgyblion Illtud, Teilo a wnaeth fwyaf o waith yn Ne Cymru ac y mae eglwysi yn dwyn ei enw ar hyd a lled y rhanbarth. Ganwyd Teilo ym Mhenalun, ger Dinbych-y-Pysgod, ac wedi treulio cyfnod wrth draed Illtud daeth yn ddisgybl i athro enwog arall, sef Peulin a gadwai ysgol yng Ngogledd Caerfyrddin. Bu'n cenhadu'n ddiflino yn y De a dangosodd esiampl bwysig i'r ifanc trwy amddifadu'i hun o bleserau bywyd, a gweddïo'n gyson yn y dirgel. Ym 547, torrodd y Fâd Felen allan ym Mhrydain, a ffôdd Teilo, fel llawer o'i gydoeswyr, i Lydaw lle bu'n cydweithio â Samson am saith mlynedd. Yna, dychwelodd i Gymru a llafurio gyda'r un sêl a brwdfrydedd â chynt. Yma y bu farw tua'r flwyddyn 565 ac o'r nifer fawr o eglwysi a sefydlodd Teilo, y bwysicaf yw Llandeilo Fawr.

Deiniol

Efallai mai Deiniol oedd prif sant y Gogledd. Wedi iddo gael ei hyfforddi yn Ysgol Illtud, aeth yn ôl i'r Gogledd, a derbyn gan Maelgwn Gwynedd ddarn o dir mewn cilfach ar lan Afon Menai (Bangor, yw'r lle hwn, heddiw). Aeth Deiniol ati ar unwaith i godi mynachlog mewn ardal ddelfrydol er mwyn iddo ef a'i ddilynwyr gael yr awyrgylch i fyfyrio, i weddïo ac i gael eu hysbrydoli. 'Roedd mynyddoedd cedyrn Eryri yn gwarchod uwch eu pennau, a thonnau glas y Fenai yn barod at eu gwasanaeth.

Bu rhaid i Deiniol ddianc i lannau'r Dyfrdwy oherwydd y Fâd Felen, i'r Bala a Llanuwchlyn yn gyntaf, lle sefydlodd eglwysi cyn symud i'r dwyrain i Farchwiail, Wortherbury a Phenarlâg a gorffen y daith ym mynachlog Bangor Is-goed. Rhywbryd yn ystod ei yrfa, bu Deiniol yn y De hefyd a sefydlu eglwys yn Llanddeiniol, Ceredigion, a chapel yn agos i dref Penfro.

Bu farw tua 572, a chladdwyd ef ar Ynys Enlli, yn un o'r ugain mil o saint:—

> Mae yno ugain mil o saint
> Ym mraint y môr a'i genlli,
> Ac nid oes dim a gyffry hedd —
> Y bedd yn Ynys Enlli.
>
> T. Gwynn Jones

Nid o Loegr yn unig y ffôdd rhai o'r saint, fel Illtud i Gymru. Daeth eraill yma o Gernyw, tua'r flwyddyn 520, oherwydd creulondeb eu brenin, ac yn eu plith Cadfan, Padarn a'r pwysicaf ohonynt i gyd, Cybi.

Cybi a Seiriol

Erlidiwyd Cybi a'i ewythr yng Nghernyw cyn iddynt hwylio a glanio ym Môn. Yn fuan iawn cododd Cybi eglwys a chanolfan yng Nghaergybi ac yno bu'n hyfforddi nifer o ddisgyblion. Sefydlodd ei ewythr Eglwys Cyngar Sant yn Llangefni, a sefydlodd disgyblion iddo eglwysi Llangaffo (Caffo), Llanfaelog (Maelog), Llanllinio (Llinio) a Llanbeulan (Peulan). Ond y mae eglwysi yn dwyn ei enw mewn ardaloedd eraill — Llangybi-ar-Wysg ger Pont-y-pŵl, Llangybi yng Ngheredigion a Llangybi yn Arfon.

Ond Môn oedd 'plwyf' Cybi ac yma y daeth i gyfathrach â'i ffrind pennaf, Seiriol, un arall a gafodd ei addysg yn Ysgol Illtud. 'Roedd mynachlog Seiriol ym Mhenmon, ond 'roedd ganddo eglwys ar Ynys Seiriol a chapel ym Mhenmaenmawr. Y mae sôn, gan fod Cybi a Seiriol yn gymaint ffrindiau, eu bod yn cyfarfod bob dydd wrth Ffynhonnau Clorach, yng nghanol Môn:—

Seiriol Wyn a Chybi Felyn —
  Mynych fyth y clywir sôn
Am ddau sant y ddwy orynys.
  Ar dueddau Môn.

Ynys Cybi 'm Môr Iwerddon
  Trosti hi â'r haul i lawr;
Ynys Seiriol yn y dwyrain
  Tua thoriad gwawr.

Seiriol Wyn a Chybi Felyn —
  Cyfarfyddent fel mae'r sôn,
Beunydd wrth ffynhonnau Clorach
  Yng nghanolbarth Môn.

Seiriol, pan gychwynnai'r bore,
  Cefnu wnâi ar haul y nef,
Wrth ddychwelyd cefnai hefyd,
  Ar ei belydr ef.

Haul y bore'n wyneb Cybi
  A dywynnai'n danbaid iawn;
Yn ei wyneb y tywynnai
  Eilwaith haul prynhawn.

Wyneb Cybi droes yn felyn,
  Wyneb Seiriol ddaliai'n wyn,
Dyna draetha'r cyfarwyddyd
  Am y ddeusant hyn.

Mi ni wn ai gwir yr hanes
  Ond mai'i faich yn wir o hyd
Dengys anghyfartal dynged,
  Dynion yn y byd.

Caiff y naill, aed ffordd yr elo,
  Mewn cysgodion rodio'n rhydd
Rhaid i'r llall o hyd wynebu
  Pwys a gwres y dydd.

Syr John Morris-Jones

Cyndeyrn

Yn ystod y cyfnod hwn hefyd y daeth saint o'r Gogledd (Ystrad Glud a Rheged yn Ne-Orllewin yr Alban) i Gymru gan fod rhyfel yn eu gwlad. Eu harweinydd oedd yr Esgob Cyndeyrn. I ardal Llanelwy yn Nyffryn Clwyd y daeth ef a'i ddilynwyr ac yno sefydlodd ei eglwys gyntaf. Gwnaeth y bobl hyn waith mawr yn yr ardal ac annog llawer o'r trigolion i genhadu dros Grist. Ond ar ôl rhai blynyddoedd, cododd

LLUN 23: SANT O'R CHWECHED GANRIF

hiraeth arnynt am eu hen gartref, ac aeth y mwyafrif ohonynt yn ôl i'r Gogledd. Ond 'roedd Cyndeyrn wedi gadael dilynwyr ffyddlon ar ei ôl, a pharhaodd y gwaith da am amser maith yn Nyffryn Clwyd dan arweiniad Sant Asaff.

Tysilio

Sant â chysylltiad â Phowys oedd Tysilio. Yn groes i ewyllys ei dad, Brochwel, gwrthododd fod yn frenin er mwyn cael bod yn fynach. Ei uchelgais ers cyfnod ei ieuenctid oedd cael ei hyfforddi i waith yr Eglwys gan Gwyddfarch Sant ym Meifod. Derbyniodd Tysilio addysg dda, a chymaint fu ei gynnydd nes iddo gyrraedd safle athro, a gyda'i gymorth ef llwyddodd Gwyddfarch Sant i wneud canolfan Meifod y bwysicaf ym Mhowys, a pharhaodd felly am tua chwe chanrif.

O'r lle yma y dechreuodd Tysilio grwydro'r wlad gan sefydlu eglwysi yn Llandysilio, yn ymyl Llangollen ac ym Mryneglwys, gerllaw. Yna, cafodd ei wahodd i fod yn frenin Powys. Gwrthododd y gwahoddiad, ac 'roedd y deiliaid mor ddig wrtho nes bu rhaid iddo ffoi. I Fôn y ffôdd ac ar ynys yn y culfor ger Porthaethwy sefydlodd yr eglwys fechan sydd yno o hyd ac yn denu miloedd o ymwelwyr. O'r fan hon, ar gyrion yr ynys, aeth Tysilio i'r De, ac wedyn i Dôl yn Llydaw, lle bu farw.

C. DEWI SANT

Dewi, wrth gwrs, yw ein nawddsant ni yng Nghymru ac i'w enw ef y talwn wrogaeth ar y dydd cyntaf o Fawrth bob blwyddyn. Mae sawl stori ddiddorol a deniadol yn cael eu hadrodd amdano.

Un o saint y chweched ganrif oedd Dewi ac mae'n debyg mai Sant, tywysog Ceredigion, un o ddisgynyddion Cunedda oedd ei dad, ac mai Non oedd ei fam. Ganwyd Dewi yn y flwyddyn 520, mewn lle o'r enw Capel Non, yn Nyfed. Ar y pryd 'roedd hi'n storm ofnadwy yn yr ardal ond yn ôl yr hanes, 'roedd hi'n braf eithriadol yn y llecyn lle cafodd ef ei eni. Adeg ei fedyddio, pistyllodd dŵr o ddaear sych a chafodd hen ŵr dall oedd yn ymyl, ei olwg yn ôl trwy olchi ei lygaid ynddo.

Cafodd Dewi ei fagu'n ofalus a thyfodd yn ŵr ifanc da a chrefyddol. Ei athro cyntaf oedd Illtud, a chafodd ei hyfforddi ganddo mewn salmau, llithoedd a gweddïau cyn symud ymlaen at ei ail athro, Peulin.

Bu Dewi'n ddisgybl hynod o ymroddgar am ddeng mlynedd yn Ysgol Peulin. Erbyn y diwedd, fodd bynnag, 'roedd Peulin druan wedi heneiddio ac yn colli ei olwg. Yn ei loes galwodd yr hen athro ei holl ddisgyblion ato i geisio adfer ei olwg. Ceisiodd pob un ohonynt ei helpu ond yn ofer. Yna, daeth Dewi ymlaen yn swil a cheisiodd yr hen ŵr ei gael i edrych ym myw ei lygaid. Ond ni theimlai'r disgybl ifanc fod ganddo'r hawl i wneud hynny. Ond pan ofynnodd Peulin iddo gyffwrdd â'i lygaid, ufuddhaodd a chafodd ei hen athro ei olwg yn ôl.

Ond torrodd y Fâd Felen allan ym Mhrydain a phenderfynodd Dewi, fel llawer o'i gydoeswyr, a rhai aelodau o'r teulu, gan gynnwys ei fam, ymfudo i Lydaw. Yno y bu am gyfnod cyn dychwelyd i genhadu yng Nghymru, ac, yn y diwedd, sefydlu ei ganolfan yng Nglyn Rhosyn. Ni bu'n hawdd iddo wneud hyn ar y dechrau gan fod gŵr o'r enw Bwya Bendefig yn hawlio'r tir hefyd, ond ymhen ychydig,

MAP IX: RHAI O GANOLFANNAU'R SAINT

bu farw Bwya a chafodd Dewi'r cyfle i sefydlu Glyn Rhosyn fel canolfan iddo ef a'i ddilynwyr.

Ar un olwg, 'roedd Dewi Sant yn feistr caled, a chanddo reolau pendant. Er enghraifft:

1. Nid oedd y mynaich i fwyta dim ond llysiau ac i yfed dim ond dŵr.

2. 'Roedd pawb i wisgo dillad o frethyn bras.

3. 'Roeddynt i weithio'n galed yn y meysydd heb gymorth ceffyl nac ŷch. .

4. Wedi cyflawni gwaith ar y tir, 'roedd y gwŷr da i ymneilltuo i'w celloedd i fyfyrio a gweddïo. .

5. Pan ganai cloch yr Eglwys, 'roedd pawb i ymgynnull yno i gyd-addoli.

6. Ar ddiwedd gwasanaeth yr Eglwys, 'roedd y mynaich i ddych-welyd i'w celloedd i orffwyso am ychydig oriau cyn dechrau diwrnod arall o waith caled.

Ond 'roedd Dewi'n esiampl iddynt i gyd — nid oedd neb yn cymryd ei waith yn fwy o ddifrif nag ef ei hun.

Ym 569, yn Senedd Fawr Llanddewibrefi, daeth Dewi i sylw cyhoedd Cymru. Ar ôl yr anrhefn a ddaeth yn sgîl y Fâd Felen, teimlai'r mynaich fod rhaid mabwysiadu polisi arbennig ynglŷn â bywyd crefyddol y wlad. Bu llawer o siarad, ond ni chafwyd pen-derfyniad. O'r diwedd, awgrymodd hen athro mai buddiol fyddai galw ar Ddewi i roi arweiniad. Anfodlon iawn oedd Dewi i annerch y cyfarfod gan fod cymaint o wŷr athrylithgar yno. Ond pan apeliodd un cyfaill arno i gydsynio 'er mwyn cariad Duw', ni fedrai wrthod. Aeth ati i annerch yn rymus gan amlinellu cynllun clir ac ymarferol i ddwyn Cymru'n ôl at Grist.

Am yr ugain mlynedd nesaf bu ymgyrch fawr yng Nghymru a Dewi yn ei chanol — teithiodd drwy'r wlad a chael dylanwad mawr gyda'i allu a'i ddawn, ei bersonoliaeth hyfryd a'i gymeriad dilychwin. Ef, erbyn hyn, oedd prif sant Cymru. Ond ym 589, cafodd Dewi freuddwyd yn rhagfynegi'i farw. Galwodd ei bobl ato ac amlinellodd gynnwys y freuddwyd ac aeth ymlaen i bregethu ei bregeth olaf a phawb yn gwrando'n astud, mewn ofn a dychryn. Ac yna, wrth gloi, dywedodd "Ac yn awr, yn iach, fy nghyfeillion annwyl! Ni welwn ein gilydd mwyach yn y byd hwn, canys yr wyf yn myned ymaith at fy Nhad yr hwn sydd yn y Nefoedd". Yn sydyn, llewygodd a bu farw ar y dydd cyntaf o Fawrth, 589.

YMARFERION

1. Edrychwch ar fap o deithiau Samson. Lluniwch fap cyffelyb a marciwch y teithiau arno mewn inc coch. Ceisiwch enwi cymaint ag y medrwch o'r lleoedd yr ymwelodd Samson â hwy.

2. Dysgwch naill ai rannau o "Buchedd Garmon" (Saunders Lewis) neu "Seiriol a Chybi" (Syr John Morris-Jones).

3. Ceisiwch dynnu llun o sant o'r chweched ganrif. Cesglwch gymaint o wybodaeth ag y medrwch am y sant a roddodd ei enw i eglwys, bentref neu dref yn eich ardal chi ac ysgrifennwch yr hyn a wyddoch am y sant hwnnw o dan y llun.

4. Y mae llawer sant arall yn perthyn i'r cyfnod hwn. Gwnewch restr o gymaint ag y medrwch o saint Cymru.

5. Gwnewch fap o'ch rhanbarth eich hun a marciwch arno leoedd sydd wedi'u henwi ar ôl rhai o saint Cymru.

6. Yn y ddeuddegfed ganrif y cydnabuwyd Dewi fel nawdd sant Cymru. Rhestrwch rinweddau Dewi Sant gydag enghreifftiau i ddangos paham y mae'n haeddu cael ei gydnabod felly.

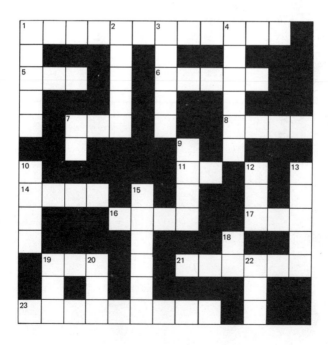

CROESAIR 4

Ar draws

1. Cynhaliwyd cynhadledd fawr yma.
5. Gwasanaethu _ _ _ oedd y mynaich.
6. Sant a wnaeth waith mawr yn y De.
7. Canolfan y saint yn Llydaw.
8. Bu Samson ar _ _ _ _ Bŷr am gyfnod.
11. Nid oedd ŷr anifail hwn yng Nglyn Rhosyn.
14. Yr oedd hon yn aml wrth y llan.
16. Ein nawddsant.
17. Hwn a ddengys y bu sant yma.
19. Yr oedd pob mynach yn eillio'i _ _ _.
21. Daeth dŵr o _ _ _   _ _ _ pan fedyddiwyd Dewi Sant.
23. Un o'r lleoedd a enwyd ar ôl sant ond nid yn dechrau â "llan".

I lawr

1. Aeth llawer yno pan ddaeth y Fâd Felen.
2. Yr oedd yr _ _ _ _ _ y tu allan i'r llan.
3. Athro mawr.
4. Un o brif adeiladau'r llan.
7. Yr oedd y mynaich yn ddynion _ _.
9. Cyfaill mynwesol Seiriol.
10. Yr oedd Dyfrig yn _ _ _ _.
12. Cartre'r mynach.
13. Yr oedd rhaid i hwn lafurio'n galed yng Nglyn Rhosyn.
15. O ble y daeth 9 i lawr i Gymru?
18. Yr oedd tiroedd y fynachlog yn _ _.
19. Gelyn Dewi (heb y drydedd lythyren).
20. Enw mam Dewi.
22. Roedd saint yn llawn _ _ _ a brwdfrydedd dros Grist.

Cofiwch fod **LL, DD, CH,** yn mynd i un sgwâr!

Mae'r atebion ar dudalen 76

PENNOD 5

OES RHODRI MAWR A HYWEL DDA

MAP X: GWLEDYDD Y LLYCHLYNWYR A'R TIROEDD A
ORESGYNNWYD GANDDYNT (HYD AT Y DDEGFED GANRIF)

A.   Y LLYCHLYNWYR

Tua diwedd yr wythfed ganrif, dechreuodd y Llychlynwyr, gwŷr o
Ogledd Ewrop (o Norwy, Sweden a Denmarc) dramwyo'r moroedd
gan ymosod ar diroedd di-amddiffyn ac ysbeilio a dinistrio. Y mae'n
sicr iddynt ymosod ar rannau o Brydain, Ffrainc a Rwsia, a mwy na
thebyg, ar rannau o Wlad yr Iâ, a Greenland, ac y mae rhyw sôn
iddynt gyrraedd arfordir America. Fel arfer, eu cynllun oedd glanio'n
sydyn ar draethau unig nepell o dref neu aneddfa, ac ymlusgo'n slei
nes cyrraedd y fan lle 'roedd digon o ysbail i'w ladrata, wedyn ymosod
yn sydyn ar y trigolion, dinistrio neu ddwyn eu heiddo a rhuthro'n
ôl i'w llongau a hwylio i ffwrdd.

LLUN 24: LLONG Y LLYCHLYNWYR

Ond nid hyn a wnâi'r Llychlynwyr bob tro. Pan ddeuent ar draws rhan o wlad yr hoffent ymsefydlu ynddi, casglent finteioedd at ei gilydd ac ymosod o ddifri gan orchfygu'r trigolion a meddiannu eu tir. Dyna ddigwyddodd yng Ngogledd Lloegr, lle gorchfygwyd rhannau helaeth, a lle'r arhosodd y Llychlynwyr am dros ganrif gan gaethiwo'r bobl.

Nid dyna'r stori yng Nghymru, fodd bynnag. Ymweld yn unig a wnaethant â'n gwlad ni — nid oeddynt am ymsefydlu yma. Ond bu llawer ymgyrch ganddynt. Wedi'r cwbl 'roedd Cymru'n le da am ysbail. 'Roedd tir ffrwythlon yn agos i'r môr, ac eglwysi a mynachlogydd â thrysorau gwerthfawr ynddynt. Dyna oedd y dynfa i Fôn. Yr oedd y ddaear yn îr a thyfai cnydau toreithiog yno. Ar yr ynys, hefyd, yr oedd sefydliadau'r mynaich, e.e. Ynys Seiriol, Penmon a Chaergybi. Bu cryn ymosod ar Fôn yn ystod y nawfed ganrif a'r Llychlynwyr yn lladd gwŷr Duw, yn lladrata'u meddiannau ac yn achosi difrod mawr. 'Roedd arfordir igam-ogam Dyfed yn eu denu hefyd — mannau cyfleus iddynt lanio ac angori a chilfachau clyd i ymguddio ynddynt cyn ymosod. Yn 810, llosgwyd Tyddewi, ac am lawer blwyddyn, o bryd i bryd, bu'r Llychlynwyr yn berygl bywyd i'r rhan yma o'r wlad.

Y mae'n amlwg i'r Llychlynwyr dreulio cryn amser yn yr ardaloedd hyn am fod enwau Seisnig rhai ohonynt yn tarddu o'r enwau a roddodd y Llychlynwyr arnynt, e.e. Swansea (Abertawe) o'r gair SWEINSEI a'r arwr yn y fan hon oedd gŵr o'r enw SWAIN; fel hyn, yn ddi-amau y cafodd 'Great Orme' (Y Gogarth, Llandudno) ei enw. Wedi'r cwbl, Horm, y Llychlynwr a fu'n ymladd yn erbyn Rhodri Mawr yn yr ardal yma. Yn ogystal â hyn, mae'r enwau Seisnig am Fôn, 'Anglesey', ac am Ynys Enlli — 'Bardsey' yn tarddu o'r cyfnod hwn fel y mae enwau ynysoedd Priestholm, Flat Holm a Skokholm ('holm'= ynys).

B.   CYFNOD O RYFELA

Yn 825, daeth Merfyn Frych yn dywysog Gwynedd, a chyn hir priododd Nest, tywysoges o Bowys. Yr oedd Merfyn yn ŵr cadarn a llwyddodd i ffurfio teyrnas gref. Pan fu farw yn 844, gadawodd etifeddiaeth sicr i'w fab Rhodri ar ei ôl. Rhodri Mawr oedd hwn. Llwyddodd yntau i uno rhannau helaeth o Gymru yn erbyn y Llych-lynwyr a'r Saeson.

Gwynedd yn unig a lywodraethai Rhodri ar y dechrau ond rhagwelai fod rhaid i'r Cymry ddod yn nes at ei gilydd os oeddynt am lwyddo i wrthsefyll ymosod o'r tu allan. Ei nod, felly, oedd uno cymaint ag y gallai o'r wlad. O Bowys 'roedd ei fam yn hannu a phan fu farw y brenin Cyngen yn 855 meddiannodd Rhodri y dalaith. 'Roedd y trigolion yn falch iawn ac ni fu dim gwrthwynebiad iddo. Gwyddai pobl Powys fod ganddynt frenin cryf yn awr i'w hamddiffyn yn erbyn brenin Mersia a fu'n aflonyddu arnynt am flynyddoedd. Digwyddodd peth tebyg pan wnaeth ei hun yn frenin Seisyllwg (Ceredigion ac Ystrad Tywi). 'Roedd ei chwaer, Angharad, wedi priodi'r Brenin Gwgon a phan foddwyd ef yn 872 cymerodd feddiant o'r rhan honno o'r wlad. Felly, ar ddiwedd ei oes, 'roedd gan Rhodri fwy o hawl na neb o'i ragflaenwyr i alw'i hun yn 'Frenin Cymru oll'.

O ganol y nawfed ganrif ymlaen bu Rhodri'n brysur yn amddiffyn y wlad yn erbyn y Llychlynwyr a'r Saeson. Ar ddechrau'r cyfnod ymosododd y Daniaid ar Fôn a threiddiodd llawer ohonynt i berfeddion y wlad ar hyd glannau afonydd Dyfrdwy a Hafren. Wedi iddynt baratoi'r ffordd, hwyliodd llu mawr o'r Llychlynwyr dan arweiniad gŵr o'r enw Horm o draethau Iwerddon a glanio ym Môn gan fwriadu dilyn llwybrau'r rhai oedd eisoes wedi cyrraedd Powys. Ond casglodd Rhodri fyddin gref at ei gilydd a dod i wrthdrawiad â'r gelyn ger Llandudno. Y Cymry a orfu a threngodd Horm yn y frwydr. Canlyniad pur wahanol a gafwyd yn y flwyddyn 876 pan orchfygwyd

Rhodri mewn brwydr a elwid yn 'Gweith dyw Sul' (am iddi gymryd lle ar y dydd sanctaidd). Bu rhaid i Rodri ffoi i Iwerddon ac ni ddychwelodd nes iddo wneud cytundeb â'r gelyn.

Yr oedd Saeson Mersia yn flin iawn am y cytundeb a phan ddychwelodd Rhodri o Iwerddon, cyn iddo gael amser i ail-gynnull ei wŷr, daeth llu o Saeson i'r wlad a goresgyn Môn. Cafodd Rhodri ei ladd ganddynt a bu galar mawr ymysg y Cymry o golli eu harwr. Rhyw dair blynedd yn ddiweddarach pan orchfygodd y Cymry'r Saeson ym Mrwydr Conwy, galwyd y fuddugoliaeth yn 'Dial Duw am Rhodri'.

Ar ôl hynny, rhannwyd tiriogaeth Rhodri (yn ôl yr hen ddull Cymreig) rhwng ei dri mab ond cododd sawl cynnen rhyngddynt a difethwyd y gwaith da a wnaeth eu tad i uno Cymru. Manteisiodd y Llychlynwyr ar y cyfle i ymosod ar ein gwlad yn gyson o 878 hyd 918 ond ar ôl hynny, cafodd Cymru lonydd am gyfnod hir.

C.   CYFNOD O HEDDWCH

(i)   Hywel Dda

Yr oedd Hywel yn ŵyr i Rhodri Mawr. Ar y dechrau, tywysog Seisyllwg yn unig oedd Hywel ond rywbryd cyn 918 etifeddodd deyrnas Dyfed hefyd trwy'i wraig, Elen, ac felly, daeth i lywodraethu'r Deheubarth i gyd. Yna, yn 942, pan fu farw Idwal Foel, Brenin Gwynedd, llwyddodd i feddiannu Gwynedd a Phowys — ac i uno'r rhan fwyaf o Gymru, fel Rhodri Mawr o'i flaen.

Un nodwedd arbennig o deyrnasiad Hywel oedd ei gyfeillgarwch â'r Saeson. Rhoddodd enw Seisnig, sef Edwin, ar ei fab a cheisiodd efelychu llawer ar y Brenin Alfred a fu'n llywodraethu rhan o Loegr ychydig cyn ei amser ef. Aeth ar bererindod i Rufain yn 928. Teimlai fod rhaid iddo geisio ehangu ei orwelion, ennill profiadau newydd a chael arweiniad ysbrydol, os oedd am fod yn frenin llwyddiannus.

Efelychu Alfred ydoedd, hefyd, pan gasglodd gyfreithiau Cymru at ei gilydd a rhoi llun a threfn arnynt. Ni fu gwrthdrawiad o gwbl rhwng y Cymry a'r Saeson yn y cyfnod hwn ac yn sicr, dyna'r prif reswm pam y bu Hywel yn frenin mor llwyddiannus.

Sylweddolodd Hywel, ar ddechrau ei deyrnasiad, fod Cymru wedi bod yn wlad o raniadau mor fychain gyhyd fel bod gwahaniaethau mawr rhwng un rhan o'r wlad a rhan arall yn null y bobl o fyw, yn eu harferion ac yn rheolau eu cymdeithas. Credai ef y dylid dethol y gorau o blith yr arferion a'r rheolau a'u gosod i lawr fel cyfreithiau Cymru gyfan. Wedyn, byddai'r wlad yn uned yn gymdeithasol yn ogystal ag yn wleidyddol.

Tiroedd Rhodri

MAP XI: TIROEDD RHODRI

Galwodd Hywel, felly, ar chwech o gynrychiolwyr o bob cantref i'w ganolfan yn Nhŷ Gwyn ar Daf, yn ystod y Grawys. Daeth pob un ohonynt a disgrifiad manwl o ddeddfau ei ran ef o'r wlad a gwnaethpwyd rhestr o'r goreuon gan bwyllgor bychan. Ysgrifennwyd y cyfan mewn llyfrau a chysylltir enw Hywel â'r rhain i gyd, er efallai i rai o'r cyfreithiau gael eu hychwanegu ar ôl marw'r brenin yn 950.

Bu Cymru'n hir yn brwydro
A'i phlant o hyd mewn cad
Yn sefyll yn ddi-ildio
Dros ryddid hoff eu gwlad.
Ond pan oedd fwya'i chyni,
Pan dryma'r poen a'r pla, —
Daeth gwron i'w gwaredu —
Y Brenin Hywel Dda.

Fe fynnai gasglu'r deddfau
A gadwai pawb ar go',
A gwybod y rheolau
A barchai gwŷr y fro;
A gwelwyd llu yn tyrru
Ryw fore mwyn o haf,
O barthau pellaf Cymru
I'r Hen Dŷ Gwyn ar Daf.

Ac yno daeth rhyfelwyr
Ond nid yn arfog gad,
Ac yno daeth uchelwyr
A garai lwydd eu gwlad;
A llawer gweithiwr diwyd
Oedd yno yn eu mysg,
Ond pennaf oedd Blegywryd
Fel gŵr o ddawn a dysg.

Hir y bu'r ymgynghori
Cyn trefnu deddfau'r wlad,
Ond pwy nas câr y stori?
Boed iddi hir goffâd!
Er na bu ef mewn rhyfel
Yn ennill clod â'r cledd
Hir gofir enw Hywel
Fel un o arwyr hedd.

Trefin

(ii) Cymdeithas yn Amser Hywel

Yr uchaf mewn cymdeithas oedd y brenin ac yr oedd gan bob 'gwlad' a bron pob 'cantref' ei frenin neu dywysog neu arglwydd. 'Roedd brenin y cantref yn penodi swyddogion, yn llywyddu yn y llysoedd ac yn rhannu tiroedd. Yr unig wahaniaeth rhyngddo ef a brenin y 'wlad' oedd nad oedd ganddo awdurdod dros yr Eglwys yn ei ardal. Yn y dyddiau cynnar, derbyniai'r brenin gyfraniadau gan ei ddeiliaid mewn da a chynnyrch, ond o dipyn i beth, daeth i dderbyn cyfraniadau ariannol i gynnal ei lys a'i lywodraeth. Deuai gweddill ei gyllid o wahanol ddirwyon, o weddillion unrhyw longddryll a ysgubid i'r glannau, o'r elw pan werthid tir y cantref i alltudion, o ddâl gŵr pan etifeddai eiddo (ebediw), o ddâl gwraig pan briodai (amobr), o eiddo dyn pan fyddai farw heb hiliogaeth, ac o gynnyrch y tir brenhinol.

Trigai'r brenin mewn plas o bren gyda tho o wellt a brwyn, a chynhelid y to hwn gan bileri trwchus. Yr oedd ynddo amryw o ystafelloedd ond y bwysicaf oedd y neuadd. Rhennid y neuadd yn

LLUN 25: BRENIN Y CANTREF

ddwy ran ac ar ganol y llawr, rhwng y ddwy ran, 'roedd tân mawr.
Yn y cyntedd (rhan uchaf y neuadd) yr oedd llwyfan lle'r eisteddai'r
brenin a'i brif swyddogion ac ar achlysuron neilltuol, yr etifedd a'r
prif westai. Y gweision a wasanaethai'r bobl hyn yn y cyntedd oedd y
gostegydd a'r gwas troed. Yn yr is-gyntedd (rhan isaf y neuadd)
eisteddai'r gwastrawd, y prif heliwr, y bardd a phrif swyddog y llys.
Yn y neuadd y cynhelid trafodaethau ynglŷn â materion pwysig
llywodraeth y cantref ac yma hefyd y cynhaliai'r brenin wleddoedd a
chynadleddau.

LLUN 26: NEUADD Y BRENIN

Y CYMERIADAU: YN YR IS-GYNTEDD — Y GWASTRAWD (YN SEFYLL WRTH Y DRWS), Y GOSTEGYDD (YN SEFYLL GER Y TÂN), Y GWAS TROED (YN GOSOD COED AR Y TÂN), Y PRIF HELIWR A PHRIF SWYDDOG Y TŶ (YN EISTEDD GER Y TÂN), Y BARDD (YN SEFYLL AR Y DDE),

WRTH Y BWRDD AR Y LLWYFAN YN Y CYNTEDD (O'R CHWITH I'R DDE) — Y BRENIN, Y CANGHELLOR, Y PRIF WESTAI, ETIFEDD Y BRENIN, Y PRIF HEBOGYDD, Y GOF, Y BARNWR, YR OFFEIRIAD, Y MEDDYG.

Yr oedd y brenin yn llywodraethu ar bedair gradd o gymdeithas:—

(a) Uchelwyr

Y rhain a ffurfiai'r dosbarth pwysicaf. Hwy oedd y dinasyddion breiniol o waed Cymreig pur ac nid oeddynt yn cael eu breintiau onid oeddynt wedi eu geni i deulu rhydd. Yr oedd ganddynt yr hawl i gario arfau ac i frwydro, i farchogaeth ac i hela. Pan fyddai rhyfel, yr oedd yn ofynnol iddynt wasanaethu am chwe wythnos y tu allan i ffiniau'r cantref a thrwy gydol yr amser o'r tu mewn. Yr oedd ganddynt hawl i fod yn glerigwyr, yn feirdd, yn ofaint neu'n dir-feddianwyr.

(b) Taeogion

Ni chawsai'r taeogion fywyd mor braf â'r uchelwyr. Ni châi taeog adael ei ardal na bod yn fardd, yn offeiriad, yn of nac yn filwr heb ganiatâd ei arglwydd. Yr oedd ganddo ychydig o dir ond treuliai'r rhan fwyaf o'i amser yn trin tir neu'n gwarchod anifeiliaid ei feistr. 'Roedd yn rhaid iddo, hefyd, gyfrannu peth o'i gynnyrch ei hun i'w arglwydd ar adegau arbennig o'r flwyddyn. Trigai'r taeogion mewn 'maerdref', tref ar wahân a reolid gan faer, un o swyddogion y brenin.

(c) Alltudion

Fel arfer, estroniaid oedd y rhain a ddaeth i'r ardal o'u gwirfodd neu a ddaliwyd mewn rhyfel. Nid oedd ganddynt hawl i dir pan gyrhaeddent ond os rhoddai un ei hun i wasanaeth brenin neu uchelwr, gallai ymgartrefu yn yr ardal a chael ei gydnabod ymhen amser, fel taeog.

(ch) Caethion

Hwy oedd y dosbarth isaf ac nid oedd ganddynt hawliau o gwbl. Gan amlaf, carcharorion rhyfel oeddynt, ac os dymunai, gallai arglwydd brynu neu werthu caethwas. Nid oeddynt yn berchen tir a chanddynt hwy oedd y gwaith trymaf o bawb, yn torri coed, yn adeiladu plasdai a chario beichiau trymion.

Mae'n ddiddorol sylwi hefyd, yn y cyfnod hwn, fod cyfundrefn arbennig o etifeddu tir. Yn Lloegr, pan fyddai dyn farw, ei fab hynaf fyddai â'r hawl i'r holl dir, ond yng Nghymru, rhennid y tir yn gyfartal rhwng y meibion i gyd. Nid oedd hyn yn beth da i Gymru. Bu'r arfer yn rhwystr i Gymru ddod yn deyrnas unedig. 'Roedd yn anfantais i'r wlad, hefyd, am fod y ffermydd yn mynd yn llai ac yn llai a'r perchnogion yn dlotach a thlotach.

(iii) Rhai o Gyfreithiau Hywel

(a) Llofruddiaeth

Y prif drosedd yn amser Hywel Dda, fel yn ein cyfnod ni, oedd llofruddiaeth. Carchar am oes yw'r gosb am y drosedd heddiw, ond yn ôl cyfraith Hywel Dda, gallai llofrudd wneud iawn am ei drosedd trwy dalu swm arbennig i deulu'r dioddefwr. Gelwid y tâl hwn yn 'galanas' y dioddefwr. Roedd 'galanas' yn amrywio yn ôl safle gŵr mewn cymdeithas — galanas pencenedl oedd 189 o wartheg, galanas uchelwr, 126 o wartheg, galanas, penteulu, 84 o wartheg, galanas taeog y brenin, 63 o wartheg, galanas taeog 31 o wartheg, a galanas caethwas 6 o wartheg.

(b) Archoll

Trosedd gyffredin arall oedd ymosod ar berson neu gymeriad dyn, a gelwid y drosedd hon yn 'sarhad'. Yn yr achos yma, pan archollid un dyn gan ddyn arall, penodai'r gyfraith iawn am y rhannau hynny o'r corff a anafwyd. Y mae'n ddiddorol sylwi sut y prisiwyd gwahanol rannau'r corff. Yr oedd bys yn werth un fuwch neu ugain ceiniog; bawd yn werth dwywaith hynny; yr oedd dant blaen yn gyfwerth â bys ond o holl aelodau'r corff yr un â'r pris mwyaf arno oedd y tafod — 'roedd hwn yn gyfwerth â holl aelodau eraill y corff gyda'i gilydd. Pan ymosodid ar gymeriad dyn, 'roedd rhaid i'r troseddwr dalu 'sarhad'. 'Roedd y ddirwy hon yn drydedd rhan o 'alanas'.

(c) Lladrad

Dibynnai'r gosb ar werth yr hyn a ladratawyd. Dedfrydid lleidr i farwolaeth os oedd wedi dwyn rhywbeth gwerth mwy na swm arbennig. Os byddai'r peth yn llai o werth na hynny, gellid gwerthu'r lleidr am saith bunt ond os telid yr arian yma drosto gan rywun, câi ei ryddhau. Ffordd arall o osgoi cosb am y drosedd oedd cael nifer o ddynion pwysig i dystio dros y cyhuddiedig. Câi'r troseddwr ei ryddhau, hefyd, os gellid profi iddo gardota am dri diwrnod heb dderbyn bwyd gan neb, cyn lladrata.

(ch) Tân

'Roedd deddfau diddorol, hefyd, ynglŷn â thân. Os byddai i dŷ fynd ar dân trwy ddiofalwch y perchennog ac i dai eraill gael eu llosgi, ef oedd yn gyfrifol am dalu gwerth y ddau dŷ agosaf. Ond os byddai i'r dref i gyd gael ei llosgi ystyrid hyn yn anochel ac ni châi neb ei gyhuddo o ddiofalwch. Yn ôl y gyfraith roedd tân yn eiddo ac os cymerai rhywun dân oddi ar aelwyd heb ganiatâd, gallai'r perchennog hawlio dirwy gan y troseddwr. Ar y llaw arall, os cymerai dân o dŷ er mwyn achosi difrod, a'r perchennog yn gwybod am ei fwriad, byddai'n rhaid i'r perchennog dalu'r drydedd ran o werth yr hyn a ddifethwyd.

YMARFERION

1. Ceisiwch lunio cerdd o dri phennill wyth llinell am Rhodri Mawr. Dyma awgrymiadau am y cynnwys: (a) Rhodri a'r Llychlynwyr (b) Ei berthynas â Gwŷr Mersia (c) Uno Cymru.

2. Lluniwch fap i ddangos maint teyrnas Hywel Dda erbyn diwedd ei oes.

3. (a) Pam y bu heddwch yng Nghymru yn ystod teyrnasiad Hywel?
   (b) Dysgwch y gerdd 'Hywel Dda' (Trefin).

4. Gwnewch dabl gyda dwy golofn, un gyda'r pennawd 'Dosbarth' a'r llall gyda'r pennawd 'Nodweddion', i ddisgrifio cymdeithas yng Nghymru yn y cyfnod hwn.

5. Ceisiwch drefnu ffug brawf ar ôl astudio rhai o gyfreithiau Hywel Dda.

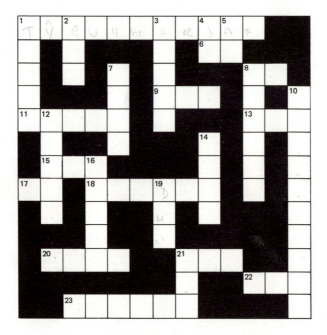

CROESAIR 5

Ar Draws

1. Canolfan Hywel Dda.
6. Yr oedd llun draig _ _ hwyl llong y Llychlynwyr.
8. _ _ oedd Hywel Dda yn frenin cryf.
9. Yr oedd _ _ _ yn werth un fuwch neu ugain ceiniog.
11. Yr oedd _ _ _ _ _ mawr wedi marw Rhodri.
13. Ni fyddai'r Llychlynwyr yn ymweld llawer â glannau _ _ _ Ceredigion.
15. Cawsai _ _ _ le pwysig yng nghyfreithiau Hywel Dda.
17. Deuai'r Llychlynwyr yn _ _ i Fôn o dro i dro.
18. Tâl gŵr pan etifeddai dir.
20. Yr hyn a ddigwyddodd i Gwgon.
21. Lle da am ysbail i'r Llychlynwyr.
22. Yr hyn a wnaeth Rhodri a Hywel i Gymru.
23. Ef oedd y nesaf at y brenin yn y gyfundrefn gymdeithasol.

I Lawr

1. Un o'i ddyletswyddau oedd gwarchod anifeiliaid ei arglwydd.
2. Rhyfedd oedd gweld hwn yn swyddog yn llys y brenin.
3. Tâl gwraig pan briodai.
4. Derbyniai brenin gyfraniadau gan ei ddeiliaid mewn _ _ a chynnyrch.
5. Yr un â 6 ar draws.
7. Un o arweinwyr y Daniaid.
8. Yr oedd y Llychlynwyr yn hoffi chwilio am _ _ _ _ _ _.
10. Aeth Hywel ar un i Rufain.
12. Gŵr a ddaeth o ardal arall.
14. Yr oedd hwn yn werth mwy na 9 ar draws.
16. Ystafell bwysig ym mhlas y Brenin.
19. "Dial _ _ _ am Rodri".
20. Yr oedd y Llychlynwyr yn hoffi'r _ _ _.

Cofiwch fod **LL, CH, DD,** yn mynd i un sgwâr!

Mae'r atebion ar dudalen 76

ATEBION Y CROESEIRIAU

Croesair 1 tudalen 15
Ar Draws:
1. Pafiland 6. Arthur 7. Gwyliwr 9. Rocen 12. Graig Lwyd 13. Nod
15. Tŷ 17. Min 19. Pren 20. Twll 23. Cafnunbren.

I Lawr:
2. Arth 3. Seithennyn 4. Carw 5. Carreg 8. Ŷch 10. Cnau 11. Yr Wyddfa
14. Dyffryn 15. To 16. Tân 18. Tref 21. Ic.

Croesair 2 tudalen 31
Ar Draws:
1. Basilica 6. Baddondy 7. Eur 8. Asia 9. Taid 10. Od 11. Tai 12. Iŵl
13. Ag 15. Glo 16. Parys 19. Tomen y Mur 21. Mur 22. Caerwent.

I Lawr:
1. Buddug 2. Sandalau 3. Caer 4. Caradog 5. Arfau 6. Brython 14. Plwm
17. Almchw 18. Lledr 19. Tir 20. Ran.

Croesair 3 tudalen 48
Ar Draws:
1. Cunedda 4. Os 5. Edwin 7. Math 9. Eu 10. Maelgwn 14. Na
15. Afflog 19. Einion Yrth 22. Lli 23. Wy 24. Felen 25. Enw 26. Rhufon
I Lawr:
1. Can 2. Ni 3. Aethelfrith 4. Ogam 6. Iud 7. Môn 8. Pen 11. Lan
12. Win 13. Boddi 16. Meirion 17. Powys 18. Cytiau 20. Llŷn 21. Pla.

Croesair 4 tudalen 61
Ar Draws:
1. Llanddewibrefi 5. Duw 6. Teilo 7. Dôl 8. Ynys 11. Ŷch 14. Afon
16. Dewi 17. Llan 19. Ben 21. Dir Sych 23. Maentwrog.

I Lawr:
1. Llydaw 2. Efail 3. Illtud 4. Eglwys 7. Da 9. Cybi 10. Sant 12. Cell
13. Mynach 15. Cernyw 18. Ir 19. Bwa 20. Non 22. Sêl.

Croesair 5 tudalen 74
Ar Draws:
1. Tŷ Gwyn ar Daf 6. Ar 8. Yr 9. Bys 11. Galar 13. Bae 15. Tân 17. Llu
18. Ebediw 20. Boddi 21. Môn 22. Uno 23. Uchelwr.

I Lawr:
1. Taeog 2. Gof 3. Amobr 4. Da 5. Ar 7. Horm 8. Ysbail 10. Pererindod
12. Alltud 14. Bawd 16. Neuadd 19. Duw 20. Môr.

LLYFRYDDIAETH

CHARLES, B.G.	*Old Norse Relations in Wales*	Gwasg Prifysgol Cymru
CRIRICK, Mary	*Stories of Wales I*	E. J. Arnold
DAVIES, Irene Myrddin	*Everyday Life in Wales I*	Gwasg Aberystwyth
EDWARDS, Ifor	*Digging up the Past*	Gwasg Gee
EDWARDS, Syr O.M.	*Story of the Nations: WALES*	Llundain: T. Fisher Unwin
EILIAN, John	*Brenin Arthur y Plant*	Llyfrau Tŷ John Penry
EVANS, Aeres a MORGANS, J.M.	*Chwedlau Cymru*	Christopher Davies
FOSTER, I.LL. a DANIEL, Glyn (Gol.)	*Prehistoric and Early Wales*	
FRASER, David (Cyf. Syr T.H. Parry-Williams)	*Y Goresgynwyr*	Gwasg Prifysgol Cymru
HAWKES, J. a C.	*Prehistoric Britain*	Chatto and Windus
JENKINS, R.T.	*Y Ffordd yng Nghymru*	Hughes a'i Fab
JONES, G. a T.	*The Mabinogion*	Dent (Everyman's Lib)
JONES, J. Idwal	*Atlas Hanesyddol Cymru*	Gwasg Prifysgol Cymru
LEWIS, T.P.	*Hanes Cymru*	Gwasg y Dryw
LLOYD, Syr J.E.	*(a) History of Wales I*	Longmans
	(b) Hywel Dda	Gwasg Prifysgol Cymru
POWELL, T.G.E.	*The Celts*	Thames and Hudson
REES, William	*An Historical Atlas of Wales*	Faber and Faber
RICHMOND, I.A.	*Roman Britain*	Pelican Books
RIDD, Tom	*Y Llychlynwyr yng Nghymru* (cymorth gyda'r Addasiad gan W.J. Jones)	Cwmni Cyhoeddi'r Dywysogaeth, Caerdydd
ROBERTS, E.P. a G.J.	Seintiau Cymru	Pwyllgor Plant a Chartrefi Esgobaeth Bangor
RODERICK, A.J. (Gol.)	*(a) Wales through the Ages*	Christopher Davies
	(b) Golwg ar Hanes Cymru	Pridgeon
WHEELER, Sir Mortimer	*Roman Archaeology in Wales*	B.B.C.
WILLIAMS, A.H.	*An Introduction to the History of Wales I*	Gwasg Prifysgol Cymru
WILLIAMS, Trefor	*Hen Chwedlau Hud a Lledrith*	Gwasg Gee
WOODWARD, B.B.	*The History of Wales I*	Llundain:(Virtue and Co.)